Niedersachsen mit dem Wohnmobil

Zahlreiche kleine und große Städte lassen sich mit dem Womo bereisen.

Michael Moll

NIEDERSACHSEN MIT DEM WOHNMOBIL

Die schönsten Routen
zwischen Nordsee und Harz

BRUCKMANN

INHALT

Mit Blick auf die Ostfriesischen Inseln campt man direkt am Wattenmeer – oder am Wasser, je nach Tidenstand.

WILLKOMMEN IN NIEDERSACHSEN

Vielfältiger geht es in einem Bundesland kaum. Von der Nordsee, die ganz nebenbei zweimal pro Tag verschwindet, über Moorlandschaften und Flusstäler bis zu den Bergen im Harz hat Niedersachsen jede Menge zu bieten.

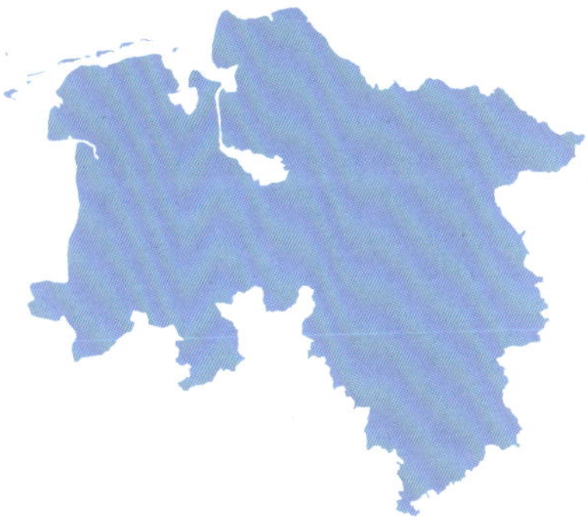

Land der Deiche

610 Kilometer Deiche zählt Niedersachsen. Und damit ist nur die Hauptdeichlinie an der Küste gemeint. Nimmt man noch die weiteren Küstendeiche und die Deiche auf den Inseln und an den Flussmündungen dazu, wo die Tide zu spüren ist, dann kommt Niedersachsen auf eine Deichlänge von über 1000 Kilometern. Ungezählt sind die vielen Schafe, die an den Deichen grasen und den Wanderern ausweichen. Denn viele Deiche dürfen begangen werden und bieten besten Blick auf das Küstenland. Mit dem Fahrrad radelt man neben den Deichen von Ort zu Ort.

Mittelpunkt mit Auszeichnung

Wer den geografischen Mittelpunkt bei Hoya aufsucht, erhält an der nächstgelegenen Tankstelle ein Zertifikat über den Besuch.

40 Zwerge in Hitzacker

Im gesamten Stadtgebiet von Hitzacker trifft man die kleinen Gesellen aus Bronze. Hier lohnt es sich, auch mal die Altstadt zu verlassen und die Wohngebiete zu durchstreifen, um auch die Zwerge in verschiedenen Vorgärten zu besuchen.

Strandkörbe

Typisch für deutsche Strände: Strandkörbe. Rund 1400 stehen in der Hauptsaison auf Wangerooge. Mehr, als die Insel Einwohner hat.

Land der Extreme

2,4 Meter steht man in Aurich unter dem Meeresspiegel. Der Wurmberg im Harz ist 971 Meter hoch und damit der höchste Punkt in Niedersachsen.

Keine Millionenstadt

Niedersachsen besitzt keine Millionenmetropole. Selbst wenn man die Einwohnerzahlen der drei größten Städte Hannover, Braunschweig und Oldenburg addiert, bleibt man immer noch unter einer Million.

Fischbrötchen

Kaum ein Ort an der niedersächsischen Küste, in dem es keine leckeren Fischbrötchen zu essen gibt. Die Auswahl ist dabei enorm. Sehr zu empfehlen sind übrigens auch Kibbelinge, die eigentlich aus den Niederlanden stammen und aus frittierten Kabeljaustücken bestehen.

Ostfriesische Inseln

Borkum, Juist, Norderney, Baltrum, Langeoog, Spiekeroog und Wangerooge. Gerne wird in dem Zusammenhang ein Merkspruch aufgesagt: »Welcher Seemann liegt bei Nacht im Bett?« Die Anfangsbuchstaben ergeben die Inselkette von Ost nach West – also in umgekehrter Richtung.

Märchenland

Im Weserbergland reiht sich eine märchenhafte Geschichte an die andere. Wer kennt nicht den Rattenfänger aus Hameln oder den Lügenbaron von Münchhausen in Bodenwerder? Auch weiter nördlich kommt man in den Genuss von berühmten Märchen, so zum Beispiel in Buxtehude, wo sich der Hase und der Igel ein Rennen lieferten. Verbunden sind die sagenhaften Orte über die Deutsche Märchenstraße, die bis nach Hessen verläuft.

Die Hämelschenburg ist ein bedeutendes Bauwerk der Weserrenaissance.

VIELSEITIGE LANDSCHAFT

Von der Nordseeküste über die Elbtalauen bis hin zu den Gipfeln des Harzes –kaum ein Bundesland bietet eine größere Vielfalt als Niedersachsen.

NIEDERSACHSEN UND SEINE REGIONEN

Niedersachsen kann sicherlich als eines der vielfältigsten deutschen Bundesländer bezeichnet werden. Es ist zwar weder das größte Bundesland noch das bevölkerungsreichste. Aber die Abwechslung, die Niedersachsen bietet, reicht für mehr als nur einen einzigen Campingurlaub. Das Bundesland reicht von den Ostfriesischen Inseln vor der Küste bis zu den Gipfeln im Harz. Dort ragt Niedersachsen mit dem Wurmberg sogar bis in eine Höhe von 971 Metern hinauf. Der Brocken als höchster Gipfel im Harz erhebt sich gleich daneben, befindet sich aber in Sachsen-Anhalt.

Überhaupt: Niedersachsen ist das Bundesland mit den meisten Nachbarbundesländern. Im Uhrzeigersinn sind das Schleswig-Holstein, Hamburg, Mecklenburg-Vorpommern, Brandenburg, Sachsen-Anhalt, Thüringen, Hessen, Nordrhein-Westfalen und natürlich noch Bremen als eigenes Bundesland mittendrin. Als wenn das noch nicht genug wäre, grenzt Niedersachsen im Westen noch an die Niederlande. Und Hand aufs Herz: Wer von Niedersachsen spricht, denkt in den meisten Fällen im ersten Augenblick an die Küstenabschnitte der Nordsee. Dass der südlichste Punkt des Bundeslandes gerade einmal knappe 20 Kilometer vom geografischen Mittelpunkt Deutschlands entfernt ist, hat man vermutlich seltener auf dem Schirm. Dieser südlichste Punkt, übrigens in der Nähe des hessischen Kassel gelegen, liegt sogar südlicher als das Ruhrgebiet auf der einen und Leipzig auf der anderen Seite. Niedersachsen verspricht also jede Menge Abwechslung mit grünen Flusstälern, hohen Bergen, malerischen Städten und natürlich dem Hauptreiseziel – dem Meer.

Fantastische Wandermöglichkeiten im Harz

KÜSTENREGION

Wohl am bekanntesten und auch beliebtesten ist in Niedersachsen sicherlich die Küstenregion. Sie ist fast ausnahmslos flach und erstreckt sich zwischen der Ems im Westen und der Elbe im Osten. Gut auf der Hälfte der Entfernung fließt außerdem die Weser ins Meer, während der Jadebusen als Bucht weit in das Land hineinreicht. Besonders hervorzuheben sind die Ostfriesischen Inseln, die wie Perlen an einer Kette vor der Küste liegen und zum Weltnaturerbe Wattenmeer zählen. Beeindruckend ist hier vor allen Dingen auch die Tide, die dafür sorgt, dass so manche Insel vor der Küste bei einer Wattwanderung zu Fuß erreicht werden kann. Bedingt durch den Küstenschutz gibt es auf dem Festland jedoch kaum klassische Sandstrände, dafür jede Menge Deiche, an denen man unter den Blicken Hunderter Schafe stundenlang spazieren oder radeln kann. Ganz klassisch, besonders im ostfriesischen Teil der Küste, sind die vielen Sielorte, die fast alle ein beliebtes Reiseziel sind.
Im Osten geht die Küstenregion in das Alte Land über, das vor allen Dingen für den Obstanbau bekannt ist und vom Unterlauf der Elbe begrenzt wird. Auch hier warten zahlreiche sehenswerte Ortschaften wie Stade oder Buxtehude darauf, mit dem Rad erkundet zu werden. Die Auswahl an Stellplätzen und Campingplätzen entlang der Küste ist dabei enorm und es fällt in der Regel nicht schwer, einen Übernachtungsplatz zu finden.

Zum Drachensteigen an die Küste

WESTEN

Ganz im Westen erstreckt sich das Emsland, das vor allen Dingen durch seine Moore bekannt ist und von Süd nach Nord von der Ems durchzogen wird. Östlich der Ems bleibt die Landschaft weiterhin noch relativ flach und geht in das Osnabrücker Land, das Cloppenburger Land und das Oldenburger Land über. Den meisten Reisenden aus dem bevölkerungsreichsten Nachbarbundesland Nordrhein-Westfalen dienen diese Regionen oftmals nur zur Durchreise auf dem Weg zur Küste. Doch zahlreiche kleine Ortschaften warten hier darauf, entdeckt zu werden, und laden zu mehr als nur einem Zwischenstopp ein.

OSTEN

Östlich von Hamburg trifft man auf gleich vier Dreiländerecke, die Niedersachsen mit seinen Nachbarn bildet. Alle vier liegen dabei in der Elbe, die das Bundesland zu großen Teilen nach Osten abgrenzt. Niedersachsen trifft zunächst auf Schleswig-Holstein, bei Hohnstorf auf Mecklenburg-Vorpommern und im Wendland folgen kurz hintereinander Brandenburg und Sachsen-Anhalt. In Zeiten des Kalten Kriegs war die Elbe daher Grenzfluss zwischen der DDR und der BRD, wie man heute noch an einigen Stellen erkennen kann, so unter anderem am Grenzmuseum in Schnackenburg, der östlichsten Ortschaft Niedersachsens.

In den Städten bummelt man gerne.

Obwohl das Wendland für sein Atommüllzwischenlager in Gorleben bekannt ist und bei den meisten Niedersachsen-Reisenden nicht oben auf der Liste der Wunschziele steht, ist ein Aufenthalt hier ebenso schön. Die Elbe windet sich nämlich durch ihr weites Bett und bildet die weitgehend unbebaute Niedersächsische Elbtalaue, ein grünes Paradies für Mensch und Tier. Wem das zu ruhig ist, der hat im Osten Niedersachsens die Möglichkeit, einen Städtetrip nach dem nächsten einzulegen. Vom sehenswerten Bahnhof in Uelzen über die Autostadt in Wolfsburg, den Braunschweiger Löwen, das Klein-Venedig in Wolfenbüttel bis hin zu dem Weltkulturerbe in Hildesheim gibt es jede Menge Sightseeing.

WESERBERGLAND

Das Weserbergland ist Teil des Niedersächsischen Berglandes und setzt sich wiederum aus kleineren Mittelgebirgen zusammen. An erster Stelle steht hierbei der Solling, der den höchsten Punkt der Region bildet. Zusammen mit dem Mittelgebirge Vogler bildet er den Naturpark Solling-Vogler. Südlich davon erheben sich die beiden bewaldeten Mittelgebirge Reinhardswald und Bramwald, die nur von der Weser voneinander getrennt werden. Letzterer ist wiederum Teil des Naturparks Münden. Im Norden des Weserberglandes erheben sich der Süntel und die Ottensteiner Hochfläche sowie das bereits erwähnte Wesergebirge, wobei man sich dann hier im Naturpark Weserbergland Schaumburg-Hameln wiederfindet.
Aber das Weserbergland ist nicht nur an seiner Geografie festzumachen. Es wird auch gern als »Land der Märchen und Sagen« bezeichnet. Kein Wunder, denn einige Märchen der Gebrüder Grimm sollen im Weserbergland verortet sein. Am bekanntesten ist dabei die Sababurg, die oft als Burg von Dornröschen dargestellt wird. Aber auch der Anblick der Trendelburg lässt erahnen, welches Märchen sich dort zugetragen haben soll: Man kann sich sehr gut vorstellen, wie Rapunzel vom Burgturm ihr Haar herunterfallen lässt.
Neben den Märchen der Gebrüder Grimm gibt es darüber hinaus die Legenden von Hieronymus Carl Friedrich von Münchhausen, der in Bodenwerder zur Welt kam und als Lügenbaron in die Geschichte einging. Nicht gelogen ist die Tatsache, dass man verständlicherweise dem Baron von Münchhausen in Bodenwerder an fast jeder Ecke begegnen kann. Mindestens genauso berühmt und ebenfalls weit über die Grenzen Deutschlands hinaus bekannt ist der Rattenfänger von Hameln. Diese Sage der Gebrüder Grimm hat es sogar bis in die Klassenzimmer von japanischen Schulen gebracht.
Die Weserrenaissance ist das charakteristische Merkmal des Weserberglandes und bezeichnet einen Baustil, der sich von der Niederländischen Renaissance ableitet. Die

Übergänge sind jedoch, wie bei der Backstein- und der Lipperenaissance, durchaus fließend. Das wohl bekannteste Bauwerk der Weserrenaissance dürfte das Rathaus von Bremen sein, das seit 2004 sogar auf der Liste des Weltkulturerbes der UNESCO als schützenswert verzeichnet ist.
Nun liegt die Hansestadt aber nicht im Weserbergland, doch auch die dort befindlichen Bauwerke müssen sich nicht hinter dem Bremer Rathaus verstecken. Dazu gehören zum Beispiel das Schloss Bückeburg und die nahe gelegene Stadtkirche, das Schloss in Bad Pyrmont, die Hämelschenburg und auch das Rattenfängerhaus in Hameln. Charakteristisch sind die Fassaden, die, zumindest bei profanen Gebäuden, meistens durch ihren reich verzierten Giebel auffallen. Dabei fällt der Blick auf Wappen, Kugeln, Obelisken und Inschriften, mit denen die Häuser verziert wurden. Die meisten Bauten der Weserrenaissance entstanden im 16. und 17. Jahrhundert und sind heute durch die touristische Straße der Weserrenaissance miteinander verbunden.
Ein bedeutendes Beispiel ist auch Schloss Brake in Lemgo, das idealerweise das dazugehörige Weserrenaissance-Museum beherbergt, in dem diese Kulturlandschaft veranschaulicht wird.

HARZ

Der Harz bildet den kleinsten Teil Niedersachsens, geht aber dabei ganz schön in die Höhe. Dabei ist der Wurmberg an der Grenze zu Sachsen-Anhalt mit seinen 971 Metern Höhe zwar der höchste Gipfel, aber nicht der einzige. Auch der Bruchberg und die Achtermannshöhe knacken die 900-Meter-Marke. Immerhin sieben Berge kommen noch auf über 800 Meter und insgesamt sind es fast 40 Gipfel, die sich im niedersächsischen Teil des Harzes erheben. Hinzu kommen noch der Nationalpark Harz, mehrere Talsperren und malerische Orte wie Goslar und Clausthal-Zellerfeld, die außerdem auf der Liste der UNESCO-Welterbestätten verzeichnet sind.
Aber natürlich ist der Harz ganz klar ein Wandergebiet und es lohnt sich, bei der Wohnmobilreise die Wanderschuhe einzupacken. Wer hoch motiviert ist, startet vielleicht damit, die 222 Stempelstellen der Harzer Wandernadel anzuvisieren. Sie verteilen sich im gesamten Harz, also auch in Sachsen-Anhalt sowie in Thüringen, und führen am Ende dazu, dass man sich »Harzer Wanderkaiser« nennen darf.
Der Harz war einst ein wichtiger Bergbaustandort. So wurde in Goslar über 1000 Jahre lang Erz geschürft. Das Bergwerk, das bis 1988 noch in Betrieb war, wurde zu einem Besucherbergwerk umfunktioniert und erhielt schon wenige Jahre später das Prädikat »Weltkulturerbe der UNESCO«. Dieses wurde im Jahr 2010 durch das Oberharzer Wasserregal erweitert, das große Bedeutung für den hiesigen Bergbau hatte und der Wasserwirtschaft in den Bergwerken diente. Auch die Grube Samson in Sankt Andreasberg zählt zum Weltkulturerbe. Sie gehörte

Seenlandschaft im Harz

während ihrer Betriebszeit vom 16. Jahrhundert bis zum Jahr 1910 zu den tiefsten Bergwerken der Welt und diente dem Abbau von Silber. Doch auch anderswo wird man bei einer Reise durch den Harz immer wieder auf Bergmannsbegriffe und weitere Schaubergwerke treffen.

NATIONALPARKS UND UNESCO-WELTERBESTÄTTEN

Niedersachsen besitzt zwei Nationalparks. Der Nationalpark Niedersächsisches Wattenmeer umfasst beinahe die gesamte Küste inklusive der Inseln. Nur ein kleiner Abschnitt bei Wilhelmshaven zählt nicht dazu. Der Nationalpark ist der zweitgrößte Deutschlands und nur der Nationalpark Schleswig-Holsteinisches Wattenmeer, der gleich auf der anderen Seite der Elbmündung angrenzt, ist größer.
Wesentlich kleiner ist der Nationalpark Harz, den sich Niedersachsen mit seinem Nachbarbundesland Sachsen-Anhalt teilt und die höchsten Berge Niedersachsens umfasst. Der fast vollständig bewaldete Nationalpark Harz wurde noch von der DDR ins Leben gerufen. Zusammen mit den Nationalparks Jasmund, Müritz, Sächsische Schweiz und der Vorpommerschen Boddenlandschaft wurde er zum 1. Oktober 1990, also zwei Tage vor der Deutschen Einheit und dem Ende der DDR, offiziell gegründet. Der niedersächsische Teil des Nationalparks Harz folgte erst vier Jahre später und erst im Jahr 2006 fusionierten diese beiden zum heutigen Nationalpark. Er beherbergt im Wesentlichen die höchsten Gipfel des Mittelgebirges und besteht überwiegend aus Fichtenwald, in dem immer wieder auch Hochmoore anzutreffen sind. Daneben gibt es zahlreiche Klippen, die schon Johann Wolfgang von Goethe anlockten, und mehrere Seen wie die Eckertalsperre und den Oderteich.
Welterbestätten kann das Bundesland gleich doppelt so viele zählen, wobei es hier eine Überschneidung mit dem Nationalpark Niedersächsisches Wattenmeer gibt. Denn die Küste ist nicht nur als Nationalpark geschützt, sondern auch als UNESCO-Weltnaturerbe. Die anderen drei Eintragungen auf der UNESCO-Liste sind Weltkulturerbe und befinden sich in Hildesheim (Dom und Michaeliskirche), Goslar (Bergwerk Rammelsberg, die Altstadt und die Oberharzer Wasserwirtschaft) sowie in Alfeld (Fagus-Werk).

Ein Blick auf nordische Architektur

SEHENSWÜRDIGKEITEN

Neben den oben erwähnten Nationalparks und Welterbestätten hat Niedersachsen zahlreiche weitere Sehenswürdigkeiten im Bereich Natur, Kultur und Sightseeing zu bieten. Jede Menge Städte laden zu Besichtigungen und Rundgängen ein. Celle präsentiert sich beispielsweise mit einer sehenswerten Altstadt, bestehend aus zahlreichen Fachwerkgebäuden, Gleiches gilt für Goslar. Die Sielorte an der ostfriesischen Küste bieten zwar weniger Fachwerk und sind deutlich kleiner. Aber Windmühlen sind hier keine Seltenheit und vor allen Dingen flaniert man hier gemütlich um die kleinen Sielhäfen, wo sich zahlreiche gastronomische Einrichtungen etabliert haben. Aber nicht nur Städte und kleine Ortschaften stehen auf dem Programm eines Niedersachsen-Reisenden, sondern auch die Natur. Vom Steinhuder Meer, den Bergen im Harz, dem Wattenmeer bis hin zu den Ufern von Ems, Weser und Elbe bietet das Bundesland eine Vielzahl von Erholungs- und Freizeitangeboten und jede Menge Naturschutzgebiete.

Viele Stellplätze bieten Natur.

CAMPING- UND STELLPLÄTZE

Wie für die Sehenswürdigkeiten und Landschaften gilt auch beim Campingangebot, dass die Auswahl unbegrenzt zu sein scheint. Das ist natürlich ein wenig übertrieben dargestellt, aber gerade in den touristischen Hotspots wie der Nordseeküste und dem Weserbergland kann man das Wohnmobil von einem Ort zu einem beliebig anderen Ort fahren und sich beinahe blind darauf verlassen, dass es dort ebenfalls einen Wohnmobilstellplatz oder Campingplatz gibt. Allerdings, und das ist die Kehrseite der Geschichte, muss man sich gerade in diesen Regionen darauf einstellen, dass die Plätze besonders an den Wochenenden oder in der Hauptreisezeit gut ausgelastet, wenn nicht sogar komplett belegt sind. Corona hat die Lage nochmals verschärft. Der Wohnmobiltourismus boomt und man kann sich nicht immer darauf verlassen, am Wunschzielort einen Platz zu ergattern. In den »Praktischen Hinweisen« am Ende jeder Tour haben wir daher den Radius erweitert und zum Teil auch Plätze aufgeführt, die nicht direkt auf der Route bzw. in Orten, die wir anfahren, liegen. So hat man immer Alternativen parat, sollte der Wunschstellplatz oder -campingplatz voll sein.

Sowieso ist es von Vorteil, früh am Tag anzureisen oder Ausflüge in die nähere Umgebung besser mit dem Fahrrad oder dem ÖPNV zu absolvieren, um den heiß begehrten Stellplatz nicht aufzugeben. Besonders Plätze mit Aussicht auf das Meer oder die Schiffe der Elbe sind beliebt und begrenzt. Etwas anders ist die Situation im weniger frequentierten Hinterland, wo Stellplätze und Campingplätze vorhanden sind, aber die Auswahl etwas überschaubarer wird. Gleichwohl hat man hier trotzdem bessere Chancen, einen freien Stellplatz zu erhalten. Problematisch sind größere Städte wie zum Beispiel Hannover, wo der Wohnmobiltourismus leider unbekannt zu sein scheint.
In Sachen Ausstattung muss man sich keine Gedanken machen. Die Campingplätze sind allesamt gut ausgestattet und bieten jeglichen Komfort. Natürlich reicht die Bandbreite von rustikal bzw. in die Jahre gekommen bis zum topmodernen Campingplatz mit zahlreichen Angeboten für die gesamte Familie. Aber Wasser, Strom, Freizeitangebote und ein Sanitärgebäude sind natürlich Standard. Bei den Stellplätzen hängt es wiederum davon ab, ob es sich um einen einfachen kommunalen Platz mit geringer Ausstattung handelt oder ob der Platz von privater Hand geführt wird.

Genüssliche Einkehrmöglichkeit an einer der beiden Zwillingsmühlen in Greetsiel.

DIE ROUTEN

Ob Urlaub am Meer, Wandern in den Bergen, Städtetrips – in Niedersachsen locken attraktive Reiseziele, hier in acht erlebenswerten Touren.

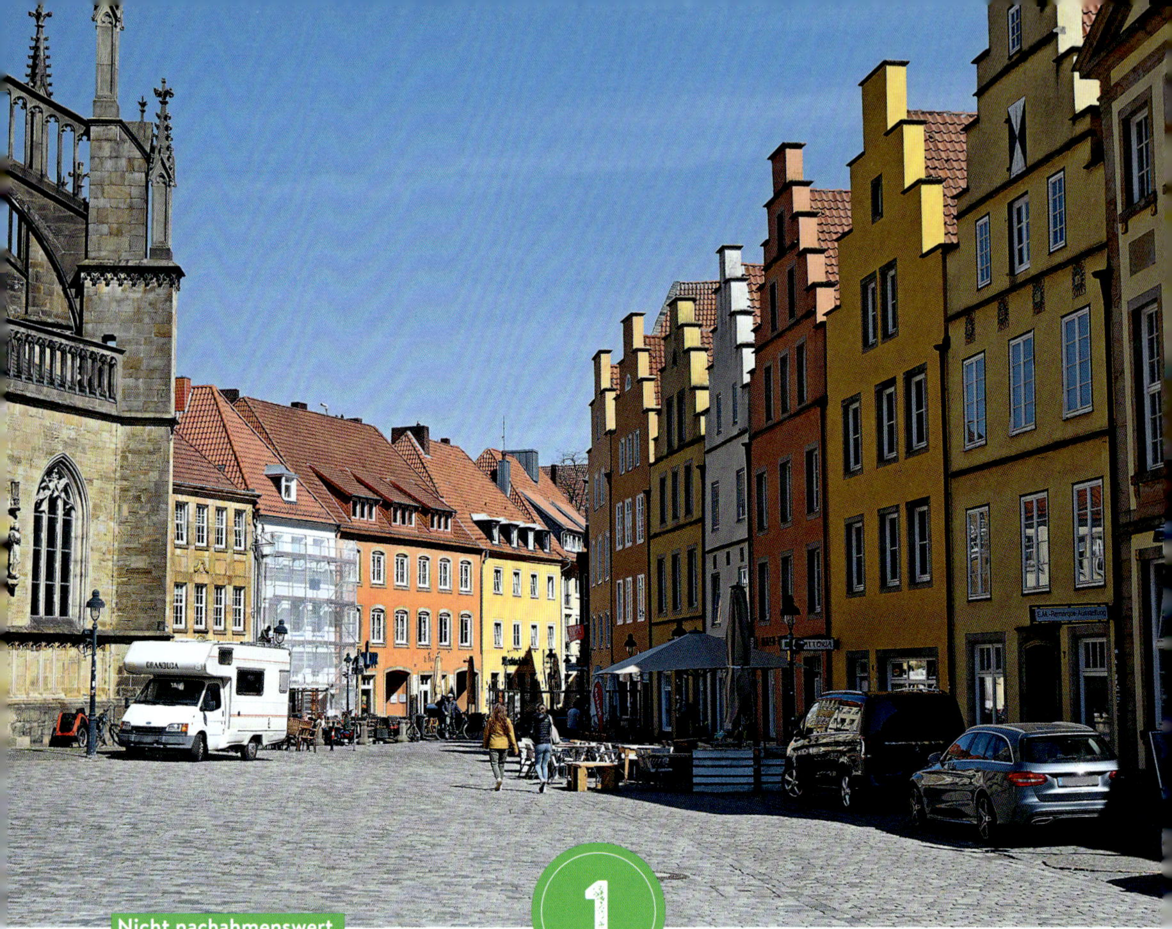

Nicht nachahmenswert, aber theoretisch möglich – die Fahrt in die Altstadt.

1

TIEF IM WESTEN DURCH DAS FLACHE EMSLAND

Von Osnabrück bis Oldenburg

Wir starten unsere Wohnmobiltour im südwestlichen Teil Niedersachsens und besichtigen gleich zu Beginn Osnabrück. Der Wohnmobilstellplatz liegt leider etwas außerhalb und bietet nur wenig Fläche, dennoch ist diese erste Stadt, die wir anfahren, unbedingt einen Besuch wert. Das wesentliche Altstadtleben spielt sich in einem Dreieck von drei verschiedenen Kirchen ab.

Am Südrand der Altstadt erhebt sich die **St.-Katharinen-Kirche** mit ihrem weit sichtbaren, 103 Meter hohen Turm. Weiter nördlich dominieren die beiden unterschiedlichen Türme des Osnabrücker Doms **St. Peter** den Domvorplatz. Das spätromanische Gotteshaus geht auf eine erste Kirche im 8. Jahrhundert zurück und hatte einst zwei schmale Türme. Der südliche von ihnen wurde jedoch im 16. Jahrhundert durch den heutigen wesentlich dickeren Turm ersetzt.

Das dritte Kirchengebäude erreicht man nach nur wenigen Schritten in Richtung Marktplatz. Der Turm der **Marienkirche** kann zumindest an Sonntagen bestiegen werden und bietet einen schönen Ausblick auf die Stadt. Dabei blickt man auch unweigerlich auf das **Historische Rathaus** von Osnabrück, das als Rathaus des Westfälischen Friedens bekannt ist. Es stammt aus dem frühen 16. Jahrhundert und war zusammen mit dem Rathaus in Münster Verhandlungsort, um den Dreißigjährigen Krieg zu beenden.

ROUTE 1

START- UND ENDPUNKT
Osnabrück und Oldenburg

STRECKEN
überwiegend Landstraßen und Bundesstraßen, kurzzeitig Autobahn

STRECKENLÄNGE
ca. 250 km

FAHRZEIT
3 bis 4 Tage

BESTE JAHRESZEIT
ganzjährig

Start Osnabrück
Dom
Altstadt
Felix-Nussbaum-Museum
A30
403 80 km
Nordhorn
Innenstadt
B403 27 km

Am Rathaus vorbei gelangt man am Ende der Altstadt zum sogenannten **Heger Tor**, das eigentlich Waterloo-Tor heißt und in Gedenken an die Schlacht von Waterloo als Kriegerdenkmal errichtet wurde. Gleich gegenüber auf der anderen Straßenseite befindet sich das **Museumsquartier Osnabrück**, das mit seiner Architektur sofort auffällt und von Daniel Libeskind geschaffen wurde. Der Schwerpunkt der Ausstellung befasst sich mit den Werken von Felix Nussbaum, der 1904 in Osnabrück geboren wurde und im Konzentrationslager Auschwitz starb.

VOM OSNABRÜCKER LAND INS EMSLAND

Um mit dem Wohnmobil von Osnabrück in das Emsland zu gelangen, nutzen wir die schnellste Verbindung auf den Autobahnen 30 und 31. Dabei durchqueren wir das nördliche Münsterland bzw. Tecklenburger Land in Nordrhein-Westfalen und erreichen nach kurzer Fahrt die Region rund um die Städte Bad Bentheim, Nordhorn und Lingen, die allesamt ebenfalls einen kurzen Stopp wert sind. Selbst das kleine Örtchen **Emlichheim**, das wie eine Halbinsel in die Niederlande hineinzuragen scheint, überrascht mit einem malerisch ruhigen Wohnmobilstellplatz an

Tipp

STADTMITTELPUNKT

Auf der anderen Seite der Altstadt, wenige Schritte hinter dem Dom, verläuft die Hase, die über die Conrad-Bäumer-Fußgängerbrücke überquert werden kann. Gleich dort findet man eine Markierung für den geografischen Mittelpunkt der Stadt. Zentraler kann man in Osnabrück also nicht stehen.

einer Mühle am Ufer des Flusses Vechte. Auch in **Meppen** sollte man mindestens einen Zwischenhalt einlegen. Der Wohnmobilstellplatz liegt günstig am Rande der Altstadt und nahe der Ems, die wenig später das Wasser der Hase aufnimmt. Die Altstadt Meppens ist von einem Stadtwall umgeben, der heute mit zahlreichen Bäumen bewachsen ist und von oben betrachtet an eine Zitadelle erinnert. Hauptsehenswürdigkeit und Wahrzeichen von Meppen ist das aus dem 15. Jahrhundert stammende historische Rathaus, das mit einer sehenswerten Fassade das Zentrum dominiert.

Die Ems begleitet uns nun auf dem weiteren Weg nach Norden. Sie ist mit ihren 371 Kilometern der längste Fluss, der in Deutschland entspringt und auch ins Meer mündet. Am Schloss Holte-Stukenbrock in Nordrhein-Westfalen nimmt sie ihren Ausgang, leiht einer ganzen Region ihren Namen und mündet bei Emden als Dollart in die Nordsee. Der nächste Ort entlang der Ems ist **Haren**, wo sich der Wohnmobilstellplatz direkt am Ufer befindet und es nur wenige Schritte in die kleine Altstadt sind. Haren besticht mit einem kleinen Schifffahrtsmuseum am Haren-Rütenbrock-Kanal und mit einem

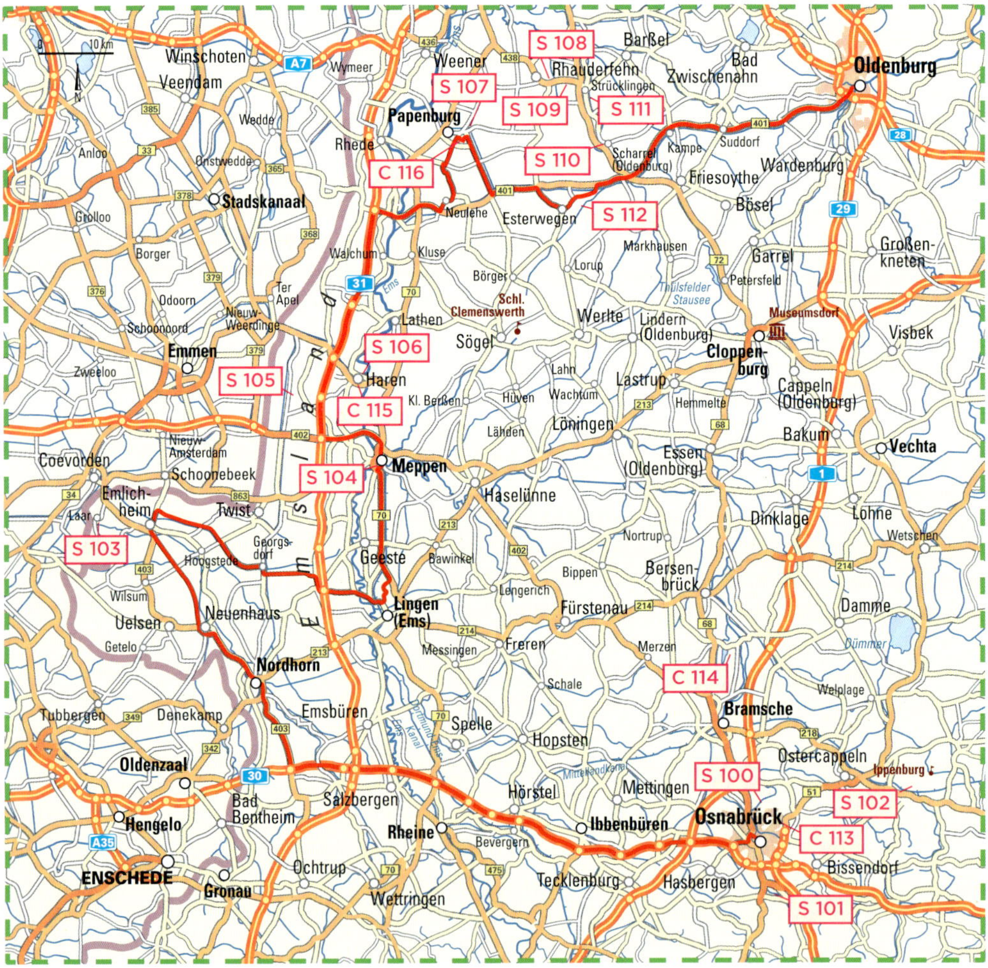

↖ Beim Spaziergang an der Ems passiert man …
↑ … alte Schiffe und Schleusen.

Jachthafen. Doch bekannt ist Haren vor allen Dingen für das etwas außerhalb gelegene **Schloss Dankern** am gleichnamigen Dankernsee. Das Wasserschloss ist mittlerweile aber nur noch eine Randnotiz. Denn in seinem Umfeld hat sich eine umfangreiche Freizeitanlage etabliert, die aus einem Spaßbad, einem Sandberg, Wasserski, Indoorspielplatz, Kino und vielen anderen Einrichtungen besteht. Etwas abseits davon wiederum haben vor allen Dingen erwachsene Kinder Spaß daran, im sogenannten **Baggerpark** zu schaufeln und nach Benutzung tonnenschwerer Bagger ein Baggerdiplom zu erhalten. Wie praktisch, dass das relativ junge und topmoderne Emsland-Camp mit eigenen Badezimmern an jeder Stellfläche nur einen kurzen Fahrradausflug entfernt ist. Über die B 70 oder die parallel verlaufende A 31 gelangt man weiter nach Norden und folgt weiterhin dem Lauf der Ems flussabwärts Richtung **Papenburg**. Rund 24 Kilometer Luftlinie sind es noch bis zum Dollart an der Emsmündung und nur etwas über 70 Kilometer sind es bis zum offenen Meer nördlich der Ostfriesischen Inseln. Dennoch darf man, nein, muss man sogar Papenburg in einem Atemzug mit der deutschen Nordseeküste nennen. Immerhin befindet sich nordwestlich der Stadt die **Meyer Werft**, die in unregelmäßigen Abständen Schlagzeilen macht, weil gerade wieder ein Schiff fertiggestellt wurde.

ZU BESUCH AUF DER MEYER WERFT

Die berühmte Meyer Werft baut nicht irgendwelche Schiffe, sondern meistens große Kreuzfahrtschiffe, die Platz für mehrere Tausend Passagiere bieten. Spannend hierbei ist immer wieder die Überführung der Schiffe auf der Ems bis zur Nordsee, wo sie in der Regel nach Eemshaven auf niederländischer Seite gebracht werden, um dort den letzten Schliff in Form von Innenausbau zu erhalten. Solche Überführungen sind oft ein beliebtes Ereignis, um mit dem Wohnmobil auf einem der Parkplätze und Stellplätze nahe dem Ufer zu verweilen und die langsame und beeindruckende Fahrt auf dem Fluss zu beobachten und mit der Kamera festzuhalten.

Nordhorn
Innenstadt
B403
27 km
Emlichheim
Mühle
57 km
Meppen
Altstadt mit Rathaus
70
Haren
Schloss Dankern
40
65 km
Papenburg
Meyer-Werft
Stadtzentrum
Museumsschiffe
20 km

Eines der Museumsschiffe in Papenburg

Die Meyer Werft wurde im Jahr 1795 gegründet, als noch Holzschiffe gebaut wurden. Damit war sie eine von 20 Werften allein in Papenburg, doch das Familienunternehmen hatte früh erkannt, dass die Zukunft im Stahlbau liegt. Bereits im 19. Jahrhundert fertigte man auf der Werft die ersten Stahlrumpfschiffe, damals noch mit Dampfantrieb. Durch diesen innovativen Schritt konnte man sämtliche Mitbewerber abhängen und sich als einzige Werft Papenburgs behaupten. Ihren Standort hatte die Meyer Werft noch bis in die 1980er-Jahre mehr in Innenstadtnähe. Dort findet man heute das **Kulturzentrum Alte Werft**, das unter anderem die Stadthalle und die Städtische Galerie beherbergt.
Mit dem Umzug der Werft von Papenburgs Mitte an das Ufer der Ems begann auch gleichzeitig der Bau von Kreuzfahrtschiffen. Mehr als drei Dutzend davon wurden bisher ausgeliefert und die Auftragsbücher sind voll.

SPECIAL

NICHTS GEHT MEHR

Europaweite Aufmerksamkeit erlangte die Werft im November 2006 bei einer der ohnehin schon spektakulären Emsüberführungen. Als das fast 300 Meter lange Kreuzfahrtschiff Norwegian Pearl der Reederei Norwegian Cruise Line auf der Ems zur Nordsee gebracht werden sollte, wurde dafür eine 380-Kilovolt-Leitung über der Ems abgeschaltet. Das führte zu einer Überlastung des Stromnetzes, weshalb es in mehreren Ländern Europas zu einem Stromausfall kam, von dem zwölf Millionen Menschen betroffen waren. In der Regel verlaufen die Emsüberführungen aber problemfrei und es ist ein Erlebnis, diesem Geschehen beizuwohnen.

STADTRUNDGANG DURCH PAPENBURG

Auch wenn keine Überführung eines Schiffes ansteht, lohnt sich ein Besuch der Stadt Papenburg. Geprägt werden das Ortsbild und die Umgebung von mehreren Kanälen. Der sogenannte **Hauptkanal** verläuft einmal quer durch die Innenstadt und bietet sich an, um an seinen Ufern gemütlich durch Papenburg zu schlendern. Ausgangspunkt ist das neobarocke Rathaus aus dem Jahr 1913, hinter dem sich idealerweise einige öffentliche Parkplätze befinden. Gleich vor dem Rathaus hat die Brigg »Friederike von Papenburg« angelegt. Sie ist eines von sechs Schiffen, die in den Kanälen des Stadtgebietes anzutreffen sind und damit ein **Schifffahrts-Freilichtmuseum** bilden. Dieser Nachbau einer Brigg, selbstverständlich auf der Meyer Werft entstanden, ist jedoch das einzige der Schiffe, das betreten werden kann.
Folgt man dem Hauptkanal in Richtung Westen, also am Schiffsbug vorbei, gelangt man nach wenigen Gehminuten zum Küstensegler »Margaretha von Papenburg«. Wenig später folgt ein Schiff des Typs Tjalk, der überwiegend zum Befahren seichter Gewässer gedacht ist. Mit der »Thekla von Papenburg« passiert man das Zentrum der Stadt und gelangt nach kurzer Zeit zum eingangs erwähnten Kulturforum Alte Werft. Dort liegt die »Gesine von Papenburg«, die als einziges der Museumsschiffe noch fahrbereit ist und gelegentlich auch eingesetzt wird. Geht man am Rathaus am Kanal in die andere Richtung, erreicht man den Torf-Transporter »Anna von Papenburg«, der vor dem Krankenhaus festgemacht hat. Zum Abschluss gelangt man in einem Rechtsbogen zum Schoner »Katharina von Papenburg«, der immerhin 130 Tonnen Fracht laden kann. Wer jetzt noch ein paar weitere Schritte unternimmt, gelangt zur **Bockwindmühle**. Sie ist die letzte ihrer Art im Emsland, aber nicht mehr in Betrieb. Eine weitere Mühle, die **Meyers Mühle**, findet man zwischen dem Hauptkanal und dem Stadtpark im Stadtzentrum. Errichtet wurde sie im Jahr 1888 und ist heute immer noch wegen des hauseigenen Mühlenbrotes beliebt.

Papenburg
Meyer-Werft
Stadtzentrum
Museumsschiffe
20 km
Esterwegen

AM KÜSTENKANAL IN RICHTUNG OSTEN

Südöstlich von Papenburg gelangen wir auf die B 401, die uns in östliche Richtung nach Oldenburg bringen wird. Unterwegs pas-

↑ Am Kanal entlang spaziert man …
↓ … durch die Altstadt Papenburgs.

↑ Den Besuch der Gedenkstätte sollte man auf keinen Fall versäumen.
↓ Oldenburg lockt mit einer sehenswerten Innenstadt zum Besuch.

sieren wir die **Fehn- und Moorlandschaft** der Region, die sich insbesondere rund um Esterwegen mit trauriger Vergangenheit zeigt. Denn am Nordrand der Stadt erstreckt sich ein Waldgebiet, an das wiederum die **Gedenkstätte Esterwegen** angrenzt. Sie erinnert an die 15 Emslandlager, die es in der Region während der Nazi-Diktatur gab. Dazu gehörte das Konzentrationslager Börgermoor, das bereits im Juni 1933 entstand und zu den ersten Konzentrationslagern überhaupt zählte.

Die heutige Gedenkstätte wurde erst im Jahr 2011 eröffnet und informiert mit einem Außenbereich und einer Ausstellung über die schrecklichen Geschehnisse der Zeit. Bekannt sind die Emslandlager für das Lied »Die Moorsoldaten«, das von den Häftlingen geschrieben wurde, die mit einfachen Hilfsmitteln das Moor kultivieren mussten. Vom Eingang zur Gedenkstätte zweigt ein Weg in das Moor ab, den die Gefangenen gehen mussten und der heute zu einem Moor-Infopfad führt. Dort informieren 17 Stationen über Natur und Geschichte der Landschaft.

Die B 401 verläuft ab Esterwegen durchgehend unmittelbar neben dem Küstenkanal nach Oldenburg.

OLDENBURG ENTDECKEN

Die Architektur Oldenburgs ist verhältnismäßig modern, dennoch stechen einige Gebäude besonders hervor und sind mindestens einen Blick wert. Dazu zählt zum Beispiel das **Oldenburgische Staatstheater** an der Straße Theaterwall, die Teil der Ringstraße rund um das Zentrum ist. Das neobarocke Bauwerk wurde Ende des 19. Jahrhunderts neu erbaut, nachdem das alte Theater durch einen Brand zerstört wurde. Innen bietet es über 500 Zuschauern in mehreren Logen und Balkonen Platz und ein sehr schönes Ambiente.

Esterwegen
Gedenkstätte
B401
48 km
Oldenburg
Innenstadt
Schloss

Am südöstlichen Rand der Innenstadt erhebt sich das **Oldenburger Schloss**. Es wandelte sich aus einer alten Wasserburg zum heutigen Schloss, dessen älteste Elemente aus dem 17. Jahrhundert stammen. Darin untergebracht ist heute das Landesmuseum für Kunst und Kulturgeschichte, das eine umfangreiche großherzogliche Sammlung in historischen Räumen zeigt. Quer über den Schlossplatz gelangen wir zum Markt, wo sich die mächtige evangelische **St.-Lamberti-Kirche** erhebt. Gleich mit fünf Türmen prägt sie das Stadtbild von Oldenburg und blickt auf eine jahrhundertelange Geschichte zurück.

Doch als Wahrzeichen der Stadt gilt der sogenannte **Lappan**. Dieser ehemalige Glockenturm erhebt sich am Ende der Langen Straße und wurde in der zweiten Hälfte des 15. Jahrhunderts an die Heilig-Geist-Kirche angebaut, die rund acht Jahrzehnte älter ist. Gleich neben dem Lappan befand sich einer der fünf Stadttürme, die einstmals den Zugang zum Zentrum überwachten, von denen aber heute nichts mehr zu sehen ist.

KULTUR

EDITH RUSS HAUS FÜR MEDIENKUNST

Das Spezialmuseum in der Katharinenstraße 23 ist einzigartig im norddeutschen Raum und hat sich ganz der Kunst der neuen Medien verschrieben. Das laufend wechselnde Ausstellungsprogramm zeigt Innovatives und Experimentelles der internationalen Gegenwartskunst, etwa Videoinstallationen oder elektronische Klangwelten (edith-russ-haus.de).

PRAKTISCHE HINWEISE

TOURISTINFORMATIONEN

Emsland Tourismus
Herzog-Arenberg-Str. 12,
49716 Meppen,
Tel. 05931/925 09 00,
emsland.com

Tourist Information Osnabrück
Bierstr. 22,
49074 Osnabrück,
Tel. 0541/323 22 02,
marketingosnabrueck.de

Kur und Touristik
Am Kurpark 12,
49214 Bad Rothenfelde,
Tel. 05424/221 80,
bad-rothenfelde.de

Tourist Info Lingen
Neue Str. 3 a, 49808 Lingen (Ems), Tel. 0591/914 41 44,
tourismus-lingen.de

Touristikverein Haren (Ems)
Neuer Markt 3,
49733 Haren (Ems),
Tel. 05932/71313, haren.de

Papenburg Marketing
Hauptkanal links 36,
26871 Papenburg,
Tel. 04961/839 60,
papenburg-marketing.de

Touristinformation Oldenburg
Lange Str. 3,
26122 Oldenburg,
Tel. 0441/36 16 13 66,
oldenburg-tourismus.de

STELLPLÄTZE

S 100 **Wohnmobilstellplatz Osnabrück** (S. 186 B5)
Im Haseesch,
49090 Osnabrück
GPS: 52.302291, 8.049539
Fünf einfache Stellplätze am Rande des Parkplatzes am Schwimmbad. Ver- und Entsorgung ist vorhanden.

S 101 **Campotel Bad Rothenfelde** (S. 186 C6)
Heidland 65, 49214 Bad Rothenfelde, campotel.de
GPS: 52.098624, 8.172953
Über 60 Parzellen vor dem eigentlichen Campingplatz. Beide Areale sind durch das im Halbkreis angelegte und lang gestreckte Gebäude eines ehemaligen Waldkrankenhauses abgetrennt, das eine interessante Geschichte zu erzäh-

Übernachtung direkt an der Ems in Haren

len hat. Das Sanitärgebäude des Campingplatzes darf genutzt werden. Strom, Wasser und Entsorgungsmöglichkeiten sind vorhanden.

S 102 **Wohnmobilstellplatz Falkenburg** (S. 186 C5)
Falkenburg 3,
49152 Bad Essen,
Tel. 0174/584 80 39
GPS: 52.323620, 8.362028
Kleiner, aber feiner privat geführter Stellplatz neben einem Jachthafen am Nordufer des Mittellandkanals. Stellflächen auf Rasen neben einer kleinen Straße. Strom, Wasser und Toiletten vorhanden.

S 103 **Wohnmobilstellplatz Laar** (S. 185 E4)
Hauptstr., 49824 Laar
GPS: 52.613010, 6.743338
Sehr einfacher, aber ruhiger Stellplatz an der Mühle Laar gleich am Ufer der Vechte. Entlang des Flusses gelangt man schnell zur Kurbelfähre, mit der man das Ufer selbst kurbelnd wechseln kann. Ver- und Entsorgung sowie Strom vorhanden.

S 104 **Wohnmobilstellplatz Meppen** (S. 185 G3)
Nagelshof 60, 49716 Meppen
GPS: 52.690904, 7.284877
Einfacher Stellplatz neben dem Emsbad und am Rande der Altstadt. Mit Hecken abgetrennte Parzellen. Strom sowie Ver- und Entsorgung vorhanden.

In Laar übernachtet man direkt an der Windmühle.

Nur wenige Schritte von hier zum Erikasee

Gut ausgeschildert in Haren

S 105 **Emsland Camp**
(S. 185 F3)
Harener Str. 34, 49733 Haren (Ems), Tel. 05935/80 44, emsland-camping.de
GPS: 52.778504, 7.118274
Außergewöhnlicher Stellplatz, bei dem man Stellflächen mit einem eigenen Sanitärgebäude direkt an der Parzelle buchen kann. Es gibt aber auch die Möglichkeit, ganz klassisch vor der Schranke zu übernachten.

S 106 **Wohnmobilstellplatz Haren (Ems)** (S. 185 G3)
Schleusenstr.,
49733 Haren (Ems)
GPS: 52.789077, 7.247307
Direkt dort, wo der Haren-Rütenbrock-Kanal auf die Ems trifft, befindet sich ein klassischer kommunaler Stellplatz für knapp 25 Wohnmobile. Keinerlei Ausstattung, dafür Blick auf den Fluss und ein sehr kurzer Fußweg in das Ortszentrum.

S 107 **Wohnmobilstellplatz Papenburg** (S. 185 H1)
Mittelkanal links 94,
26871 Papenburg
GPS: 53.078850, 7.439312
Einfacher Stellplatz hinter dem Hotel Hilling, ohne besondere Ausstattung. Nachts ruhige Lage. Das Rathaus ist zu Fuß in einer guten Dreiviertelstunde erreichbar.

S 108 **Wohnmobilstellplatz Rhauderfehn** (S. 180 D5)
Am Siel 6 a,
26817 Rhauderfehn
GPS: 53.138533, 7.587536
Privater Stellplatz des Cafés am Siel in ruhiger Lage.
16 kostenpflichtige Stellflächen mit Entsorgungsstation und Frischwassersäule.

S 109 **Wohnmobilstellplatz Ostrhauderfehn** (S. 180 D5)
Hauptstr. 117,
26842 Ostrhauderfehn
GPS: 53.138527, 7.623260

Stellplatz vor dem Campotel

Freundliche Begrüßung im Campotel

Anreise über die Liebigstraße. Großzügig angelegter Stellplatz mit über 30 Stellflächen. WLAN, Wasser und Entsorgungsmöglichkeit vorhanden.

S 110 **Wohnmobilstellplatz Saterland** (S. 181 E6)
Am Sportplatz,
26683 Saterland
GPS: 53.070706, 7.698665
Kleiner Stellplatz mit freundlichem Betreiber in Ortsrandlage zwischen Sportplatz und Sagter Ems. Die großzügigen Parzellen sind von einer Hecke umgeben. Sanitär und Strom vorhanden.

S 111 **Reisemobilplatz Sagter-Ems** (S. 181 E6)
Hauptstr. 608,
26683 Saterland,
Tel. 0173/969 62 22,
reisemobilpark-sagter-ems.de
GPS: 53.121264, 7.668189
Großer Stellplatz mit einigen Parzellen direkt am Ufer der Sagter Ems. Gepflegtes Sanitärgebäude und Restaurant direkt am Platz.

S 112 **Wohnmobilstellplatz Erikasee** (S. 186 A1)
Zum Erikasee,
26897 Esterwegen
GPS: 52.993535, 7.668648
In einer Allee, die gleichzeitig Sackgasse ist, und nebenan auf einer Wiese steht man hier absolut ruhig. Zum Erikasee sind es nur wenige Meter. Ein kleines Café und Minigolf in Reichweite. Strom vorhanden.

CAMPINGPLÄTZE

C 113 **Campingplatz Niedersachsenhof** (S. 186 B5)
Nordstr. 109,
49084 Osnabrück,
Tel. 0541/772 26,
osnacamp.de
GPS: 52.291432, 8.104981
Campingplatz in Waldrandlage, allerdings auch nahe der gut hörbaren Autobahn. Nebenan kann man in einem Restaurant einkehren. Für den Besuch der Osnabrücker Innenstadt ist ein Fahrrad hilfreich.

C 114 **Alfsee Ferien- und Erlebnispark** (S. 186 B4)
Am Campingpark 10,
49597 Rieste,
Tel. 05464/921 20, alfsee.de
GPS: 52.485292, 7.991362
Große Ferienanlage am Ufer des Alfsees. Hier gibt es alles, was das Freizeitherz begehrt, von Minigolf über Wasserski bis zu Vogelbeobachtungsplätzen.

C 115 **Camping Emspark** (S. 185 G3)
Kirchstr. 52, 49733 Haren (Ems), Tel. 05932/7338977,
knauscamp.de
GPS: 52.786177, 7.239819
An einem kleinen See gelegener Platz mit guter Erreichbarkeit des Schifffahrtsmuseums und der Innenstadt.

C 116 **Campingplatz Papenburg** (S. 185 H1)
Zum Poggenpoel 101,
26871 Papenburg, Tel.
04961/97 40 26,
campingplatz-papenburg.de
GPS: 53.065634, 7.427263
Ganzjährig geöffneter Campingplatz am südöstlichen Ortsrand von Papenburg, angrenzend an einen kleinen See.

Immer wieder trifft man auf kleine Marinas und Häfen.

2

ZUM TEETRINKEN ANS WATTENMEER IN OSTFRIESLAND

Von Bad Zwischenahn bis Jever

Von Oldenburg ist es nicht weit bis nach Bad Zwischenahn, wo wir unsere Entdeckung Niedersachsens fortsetzen. Mit Leer ist dann auch schon Ostfriesland erreicht und wir erleben die Küstenregion, das Wattenmeer und Inselhopping zu einigen der sieben Ostfriesischen Inseln. Zuletzt lassen wir unsere Meeres-Tour mit einem Brauereibesuch in Jever ausklingen.

Der Kurort Bad Zwischenahn erstreckt sich am südlichen Ufer des Sees Zwischenahner Meer und bietet dort zahlreiche Grünanlagen und Parks. Über Rad- und Fußwege lassen sie sich gut erkunden und man kommt dabei auch an einer Windmühle vorbei, die sich hier seit 1811 erhebt. Sie gehört zum **Freilichtmuseum Ammerländer Bauernhaus**, das weitere 16 Gebäude zeigt.
200 Jahre jünger ist die etwas abseits gelegene Mühle an der Wiefelsteder Straße. Sie wurde von einem Unternehmen errichtet, das eigentlich gar nichts mit Mühlen zu tun hat. Die Rede ist vom bundesweit bekannten Fleisch- und Wursthersteller **Rügenwalder Mühle**. Das Familienunternehmen wurde in Rügenwalde, dem heutigen Darłowo, an der polnischen Ostseeküste gegründet. Dort gab es damals mehrere Fleischer, die sich voneinander unterscheiden wollten. Die Fleischer-Familie Müller beschloss daher, eine zum Namen passende Mühle als Symbol zu nutzen. Schiffe und dergleichen waren nämlich schon vergeben. Als Flügel dienen seither rote Würste. Nach dem Zweiten Weltkrieg startete man einen Neuanfang im Ammerland, zunächst war man in Westerstede tätig, ab 1956 dann in Bad Zwischenahn. Und genau dort wurde die voll funktionsfähige Mühle im Jahr 2012 errichtet, sie steht heute an einigen Tagen im Jahr zur Besichtigung offen.
Die Hauptattraktion des Kurorts ist jedoch neben dem Kurpark mit dem Kurhaus das **Zwischenahner Meer**. Auf dem drei Kilometer langen und zwei Kilometer breiten See verkehren Ausflugsschiffe der Weißen Flotte sowie zahlreiche Segelschiffe, und auch jede Menge Windsurfer und Angler dürfen auf seinem Wasser ihrem Hobby frönen. Am Ufer wiederum kann man den See mit dem Fahrrad oder auch zu Fuß gemütlich umrunden. Auf dem **Marktplatz** von Bad Zwischenahn erinnert eine Bronzeskulptur in

Backsteingebäude beeindrucken im Norden.

ROUTE 2

START- UND ENDPUNKT
Bad Zwischenahn und Jever

STRECKEN
überwiegend Landstraßen, teilweise Bundesstraßen und Autobahn

STRECKENLÄNGE
ca. 220 km

FAHRZEIT
4 bis 6 Tage

BESTE JAHRESZEIT
Mai bis September

Form eines Welses an den legendären Fisch, der im See leben soll und trotz seiner stolzen Länge von dreieinhalb Metern nie gesehen wurde. Das schottische Seeungeheuer Nessie lässt grüßen.

WILLKOMMEN IN OSTFRIESLAND

Über die A 28 gelangen wir nach dem Besuch in Bad Zwischenahn schnell nach **Leer**. Die Stadt macht es uns Wohnmobilfahrern ziemlich leicht, denn ein Wohnmobilstellplatz befindet sich direkt im Zentrum. Er ist jedoch Teil des Parkplatzes Große Bleiche und bietet daher keine Natur, ist aber ein guter Ausgangspunkt für einen Spaziergang durch den gemütlichen Ortskern. Wer hier nicht übernachten möchte, findet zumindest einen ausreichend großen Parkplatz vor.

Leer
Stadtzentrum mit Rathaus Museumshafen
A31 37 km
Emden

Nur 200 Meter sind es über die Königstraße, bis man sich am **Museumshafen** befindet, wo mehrere Einkehrmöglichkeiten bereitstehen und sich das Rathaus als Tor in die Fußgängerzone erhebt. Der Museumshafen ist alle zwei Jahre Schauplatz für ein Treffen historischer Traditionsschiffe, bei dem rund 100 Schiffe zu erwarten sind. Auffällig ist auch die **Alte Waage**, ein schönes Backsteingebäude, in dem heute ein Restaurant untergebracht ist. Einst befand sich darin die Waage, da Leer im frühen 16. Jahrhundert das Wiegerecht erhielt.
Über den Ernst-Reuter-Platz am Museumsschiff gelangt man in die Fußgängerzone von Leer. Besonders schön ist die Altstadt jedoch, wenn man auf der Mühlenstraße nach links

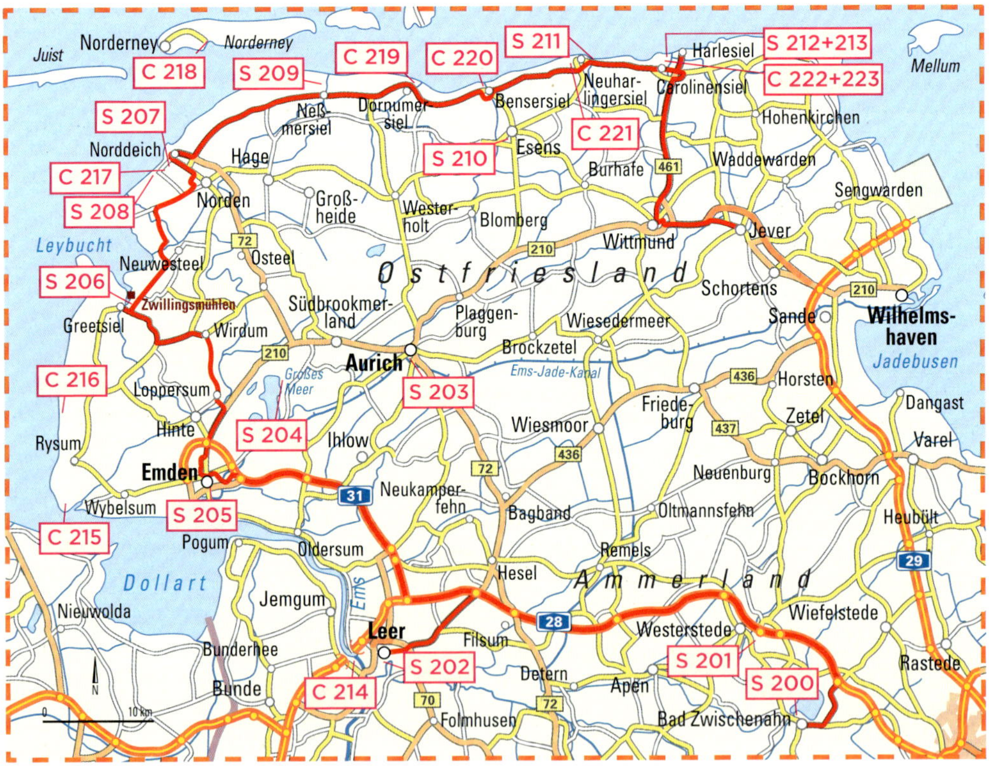

abbiegt und nach einiger Zeit links durch die Brunnenstraße zur Rathausstraße geht. Hier sollte man sich wieder nach links wenden und zwischen den gepflegten Häusern der Altstadt schlendern. Auf der linken Seite sieht man zum Beispiel das **Haus Samson**. Die Jahreszahl 1643 an der schmuckvollen barocken Fassade bezieht sich aber nur auf die Neugestaltung der Fassade, das Haus selbst ist sogar noch älter und blickt auf das Jahr 1570 zurück. Über der Weinhandlung im Erdgeschoss befindet sich im Haus Samson eine Ausstellung, die sich mit der Heimatkunde Ostfrieslands befasst.

Am Ende der Fußgängerzone treffen wir wieder auf das **Rathaus**, das Ende des 19. Jahrhunderts erbaut wurde und einen markanten Turm besitzt. Wenn möglich, sollte man auch einen Blick in das Innere werfen, das mit zahlreichen Wand- und Deckenmalereien verziert ist.

Nicht unerwähnt bleiben sollten zwei weitere Bauwerke, die sich jedoch außerhalb der Leerer Altstadt befinden und zum Verkehrsnetz gehören. Denn westlich der Stadt fließt die Ems nach Norden und ist Schifffahrtsweg für die Kreuzfahrtschiffe der Papenburger Meyer Werft. Rund 800 Meter nördlich der Leda-Mündung in die Ems passieren die Schiffe eine Engstelle, die zu Beginn des 21. Jahrhunderts erweitert werden musste.

↑ Ein echter ostfriesischer Tee muss natürlich sein. ↓ Gerne gemütlich unter blauem Himmel.

Tipp

OSTFRIESISCHE TEESTUBE

Zwischen dem Rathaus und dem Ufer der Leda lernt man echten Ostfriesentee kennen, und zwar in der urigen »Ostfriesischen Teestube am Hafen« (Rathausstr. 4 a). Mit Kandis und Milch wird die Teekultur regelrecht zelebriert und Kuchen darf dazu auch nicht fehlen.

Die **Jann-Berghaus-Brücke** gehört zu den größten Klappbrücken Europas und ist über 460 Meter lang. Knapp 60 Meter davon können weggeklappt werden, damit die Schiffe die Ems passieren können.

Wesentlich leichter ist es bei der Emsüberführung weitere zweieinhalb Kilometer flussabwärts. Dort passieren die Schiffe den Emstunnel, was die Kapitäne selbstverständlich unbeeindruckt lässt. Doch als Wohn-

Blick über den Ratsdelft in Emden

mobilfahrer auf der A 31 fährt man seit 1989 unter der Ems hindurch.

MUSEUMSSCHIFFE IN EMDEN

Von Leer aus geht es am einfachsten über die A 31 bis Emden. Im Zentrum suchen wir als Erstes den ideal gelegenen Wohnmobilstellplatz an der Marina auf. Nach dem Einparken blicken wir durch die Windschutzscheibe direkt auf den alten Binnenhafen und sehen am gegenüberliegenden Ufer mit dem Hafentorplatz einen Teil der Emder Altstadt. Der **Ratsdelft** reichte in früheren Zeiten noch weiter nach Norden und war sogar mit dem 300 Meter weiter nördlich gelegenen Alten Graben verbunden. Heute endet der mittelalterliche Hafen direkt vor den Toren des Rathauses und Teile des Delfts sind zugeschüttet. Mehrere Museumsschiffe liegen hier am Kai und geben ein schönes Bild ab.

Emden
Ostfriesisches Landesmuseum
Ratsdelft
Otto-Hus

B210
8 km

Suurhusen
Schiefer Turm

18 km

Am nördlichen Ende des Ratsdelfts erhebt sich das **Rathaus**, das nach seiner fast vollständigen Zerstörung nach dem Zweiten Weltkrieg wiederaufgebaut wurde. Das ursprüngliche Gebäude entstand in der zweiten Hälfte des 16. Jahrhunderts. Auffällig ist auf dem Dach der kleine Turm, in dem heute ein Glockenspiel untergebracht ist. Einstmals wachten dort oben die sogenannten Türmer als Brandwache über die Stadt. Im Stundenrhythmus gaben sie ein Signal darüber, dass alles in Ordnung war. Das Glockenspiel ist deutlich jüngeren Datums und wurde vom Emder Bürger Bernhard Brahms im Jahr 2000 gestiftet – aus Dankbarkeit darüber, dass er die fast vollständige Zerstörung Emdens im September 1944 überlebte.

Im Inneren des Rathauses ist eines der bedeutendsten Museen der Region untergebracht. Das **Ostfriesische Landesmuseum** befasst sich mit der Kunst, Kultur und Landesgeschichte Ostfrieslands und ist auch bekannt für die ausgestellte Moorleiche. Diese wurde 1907 beim Torfstechen bei Bernuthsfeld in der Nähe des Ewigen Meers, nördlich von Aurich, gefunden und ihr Alter wird auf rund 1200 Jahre geschätzt. In der jüngsten Vergangenheit wurde die Leiche mit modernen Mitteln eingehend studiert und erhielt als »Mann von Bernuthsfeld« im Jahr 2016 eine eigenständige Ausstellung innerhalb des Museums. Außerordentlich gut erhalten ist unter anderem die Kleidung des Mannes, die aus einem Wollkittel bestand.

Geht man durch den Torbogen des Rathauses, erreicht man gleich dahinter den modernen Zugangsbereich des Ostfriesischen Landesmuseums in der kleinen Fußgängerzone. Die weitaus größere Fußgängerzone beginnt auf der anderen Seite des Ratsdelfts, gegenüber vom Rathaus. Dort erkennt man auf einen Blick das Eckhaus auf der linken Seite als **Dat Otto Huus**. Die Ausstellung des kleinen Museums über den Komiker Otto Waalkes, der in Emden geboren wurde, stammt von ihm selbst und wurde 1987 eröffnet.

SPECIAL

REKORD

Der schiefe Kirchturm von Suurhusen hat, bei einer Höhe von 27 Metern, am Dachfirst einen Überhang von fast 2,5 Metern. Anders ausgedrückt: Liegt man auf dem Boden, mit den Füßen an der Turmwand, ragt das Dach des Turms über den Kopf des Liegenden hinaus. Mit seinem Neigungswinkel von 5,1 Grad steht der Kirchturm von Suurhusen im Guinnessbuch der Rekorde – noch vor dem Schiefen Turm von Pisa.

AM SCHIEFEN TURM VON SUURHUSEN

Nach dem Besuch Emdens sollten wir auf der B 210 nach Suurhusen fahren. Sogar die ausländische Presse berichtet immer dann von dem Ort, wenn es um die schiefsten Türme der Welt geht. Kurios ist nämlich, dass der berühmte Schiefe Turm von Pisa einfach nur berühmt ist. Er ist aber weniger schief als der Kirchturm von Suurhusen, der

↑ Auf den Spuren von Otto Waalkes
↓ Ganz schön schräg – Turm in Suurhusen

Wahrzeichen von Ostfriesland in Pilsum

es auf eine Neigung von 5,1 Grad bringt. Der Campanile ist hingegen weniger als 4 Grad geneigt.

Wie es zu dieser extremen Neigung kam, ist einfach erklärt. Der Turm wurde Mitte des 15. Jahrhunderts an die damals bereits bestehende Kirche angebaut und auf einem Fundament aus Eichenstämmen auf morastigem Boden errichtet. Lange Zeit ging das gut, doch Ende des 19. Jahrhunderts senkte sich der Grundwasserspiegel durch Entwässerung der umliegenden Felder. Die Eichenstämme, bis dahin gut konserviert, begannen zu verrotten. Den Rest erledigte die Schwerkraft. Im 20. Jahrhundert neigte sich der Turm immer mehr. Durch Sicherungsmaßnahmen Ende des Jahrhunderts konnte eine weitere Neigung bisher erfolgreich verhindert werden.

DIE ZWILLINGSMÜHLEN VON GREETSIEL

Über kleine Landstraßen erreichen wir schließlich die niedersächsische Küste, genauer gesagt Greetsiel. Auch hier wird es uns Wohnmobilfahrern leicht gemacht, denn gleich nach Überquerung der großen Kreuzung am Ortseingang befindet sich rechter Hand die Zufahrt zum örtlichen Wohnmobilstellplatz. Am Ortsrand gelegen, kommt man von hier aus gut zu Fuß in das kleine Städtchen hinein. Tragischerweise sehen wir hier immer noch nicht die Nordsee, denn Greetsiel liegt rund zweieinhalb Kilometer im Landesinneren. Aber was macht das schon, die Möwen kreischen, die Luft duftet nach Salzwasser und gleich gegenüber der Entsorgungsstation erhebt sich die erste von zwei Windmühlen in Greetsiel. Die zweite lässt nicht lang auf sich warten, sie befindet sich rund 100 Meter entfernt in direkter Nachbarschaft. Daher werden die beiden Bauwerke als **Zwillingsmühlen von Greetsiel** bezeichnet.

Direkt neben dem Wasserlauf Altes Greetsieler Sieltief geben die Mühlen ein harmonisches Bild ab und sind vollkommen zurecht das Wahrzeichen des Ortes. Die rote Mühle gleich gegenüber dem Parkplatz wurde zu Beginn des 18. Jahrhunderts erbaut. Sie kann besichtigt werden und beherbergt einen kleinen Mühlenladen und ein Café, das von der Eigentümerfamilie betrieben wird. Die grüne Mühle wurde Mitte des 19. Jahrhunderts in ihrer heutigen Form als Holländerwindmühle errichtet. Zuvor stand dort eine Bockwindmühle aus dem Jahr 1613, die jedoch nach fast 50 Jahren einen schweren Wintersturm nicht überstand.

DAS WAHRZEICHEN OSTFRIESLANDS

Mit Greetsiel verbindet man oft auch das Wahrzeichen Ostfrieslands, obwohl dieses eigentlich gar nicht auf Greetsieler Gebiet liegt, sondern schon zum Nachbarort Pilsum gehört. Die Rede ist vom berühmten **Pilsumer Leuchtturm** mit seinem markanten rotgelben Anstrich. Man kann ihn im Rahmen eines ausgiebigen Spaziergangs oder einer

Malerisch wirken die Zwillingsmühlen von Greetsiel.

Radtour entlang des Deiches gut erreichen. Ab der Gesundheitsoase sind es rund dreieinhalb Kilometer je Strecke. Am Ende steht man nicht nur am Leuchtturm, sondern man blickt auch endlich auf die Nordsee – vorausgesetzt, es ist nicht gerade Ebbe.
Der Leuchtturm entstand Ende des 19. Jahrhunderts als eines von fünf Leitfeuern zwischen Emden und der Nordsee. Doch schon 1919 wurde der Turm dauerhaft abgeschaltet, da die Fahrrinne sich mittlerweile verlagert hatte. Dies hatte zur Folge, dass der Turm aufgrund des schlechten Zustands zu Beginn der 1970er-Jahre abgerissen werden sollte. Doch das konnte verhindert werden und nach einer umfangreichen Restaurierung erhielt er sein heutiges Aussehen inklusive der eher ungewöhnlichen Farbgebung. Otto Waalkes machte den Leuchtturm mit seinem Kinofilm »Otto – Der Außerfriesische« bundesweit bekannt, weshalb er heute ein beliebtes Ausflugsziel ist. Mittlerweile kann man sich in dem nur zwölf Meter hohen Turm trauen lassen und seine Liebe mit einem der mittlerweile üblich gewordenen Liebesschlösser vor dem Turm beweisen.
In Greetsiel folgen wir der Landstraße, die am Wohnmobilstellplatz vorbeiführt. Parallel zum Störtebekerkanal und durch die Marschlandschaft hindurch gelangen wir nach einer knappen Viertelstunde Fahrt nach Norddeich.

Suurhusen
Schiefer Turm
18 km
Greetsiel
Zwillingsmühlen
Pilsumer Leuchtturm
66 km
Harlesiel

NORDDEICH – AUSGANGSPUNKT FÜR NORDERNEY

Mit dem Wohnmobil steuern wir sinnvollerweise einen der beiden Wohnmobilstellplätze an, entweder den zentralen und sehr großen Stellplatz am Erlebnisbad Ocean Wave oder den wesentlich gemütlicheren, aber etwas

Abendspaziergang an der Küste von Harlesiel

abseits gelegenen Stellplatz am Deich, dem Campingplatz gleich gegenüber.
Neben dem Hafen haben besonders das **Ocean Wave** und die benachbarte **Seehundaufzuchtstation** großen Zulauf bei den Gästen von Norddeich. Das Ocean Wave bietet klassischen Badespaß mit einem Wellenbad und einer Wasserrutsche, die an der Spitze eines Leuchtturms beginnt. Darüber hinaus gibt es Wellness- und Saunafreuden sowie eine Gastronomie im Angebot.
Wellness für Seehunde gewissermaßen gibt es nebenan. Im Jahr 1971 hatte ein Fischkutter vor Greetsiel einen kleinen Heuler aufgenommen, womit die Geschichte der Aufzuchtstation begann. Nach wenigen Wochen wurde der Heuler wieder ausgewildert, doch seitdem werden hier bis zu 150 verwaiste Seehunde und Kegelrobben aufgezogen und später wieder der Nordsee übergeben. Neben den hauptamtlichen Mitarbeitern werden die Tiere überwiegend von freiwilligen Helfern betreut und gefüttert. Bei der Aufzucht werden die Heuler von einer Viertelmillion Besuchern pro Jahr beobachtet.

Seit einigen Jahren gehört zur Seehundaufzuchtstation auch das **Waloseum**. Dieses wurde eingerichtet, als im Jahr 2003 zwei Pottwalbullen vor Norderney strandeten.

SPECIAL

SEEHUNDE

Sowohl Seehunde als auch Kegelrobben gehören zur Familie der Hundsrobben. Die Kegelrobbe ist das größte frei lebende Raubtier in Deutschland und besitzt einen kegelförmigen Kopf. Im Gegensatz dazu ist der Kopf eines Seehundes deutlich runder. Außerdem hat der Seehund einen etwas kleineren und schmaleren Körperbau. Ihr Lebensraum befindet sich ausschließlich auf der Nordhalbkugel, wobei Seehunde sowohl im Atlantik als auch im Pazifik leben. Heuler heißen die Jungtiere, die von der Mutter aus verschiedenen Gründen verstoßen wurden.

Eines der Skelette ist seither dort im Ortsteil Osterloog zu besichtigen. Außerdem befinden sich im Waloseum die Quarantänestation für die Seehunde sowie eine Ausstellung über die Vogelwelt der Nordseeküste. Mit dem Fahrrad sind es rund sechs Kilometer bis dorthin, die man in weniger als einer halben Stunde bequem zurücklegen kann. Für die Seehundstation und das Waloseum gibt es auch Kombitickets.

DIE OSTFRIESISCHEN INSELN

Zurück am Hafen, blicken wir auf die Fahrpläne und stellen fest, dass man ab Norddeich gleich mehrere der Ostfriesischen Inseln erreichen kann. Diese wären im Übrigen Borkum, Juist, Norderney, Baltrum, Langeoog, Spiekeroog und Wangerooge. Gern wird in dem Zusammenhang immer wieder ein Merkspruch aufgesagt: »Welcher Seemann liegt bei Nacht im Bett?« Die Anfangsbuchstaben des Spruchs ergeben die Inselkette von Ost nach West – also in umgekehrter Richtung. Außerdem wird Juist natürlich mit einem J und nicht mit einem I geschrieben. Vielleicht ist es dann doch leichter, sich gleich die Reihenfolge der Inseln zu merken. Wer will, kann noch die Namen der unbewohnten Inseln lernen: Kachelotplate, Brauerplate, Memmert und Lütje Hörn zwischen Borkum und Juist sowie Mellum ganz im Osten. Wobei letztere nach Definition des Bundesamts für Naturschutz vielmehr zu den Watten im Elbe-Weser-Dreieck zählt.
Von den bewohnten Ostfriesischen Inseln können nur Borkum und Norderney mit dem Auto bzw. dem Wohnmobil befahren werden. Alle anderen Inseln kann man sehr bequem im Rahmen eines Tagesausflugs oder in manchen Fällen auch bei einer Wattwanderung besuchen, um am Abend dann wieder zum Wohnmobil auf einem küstennahen Stellplatz zurückzukehren. Eine Reise von Insel zu Insel, ohne wieder an die Küste zurückzukommen, ist übrigens nicht möglich.

Harlesiel
Norddeich
Sielhäfen
Ostfriesische Inseln
Buddelschiff-museum
B461
15 km
Wittmund

BORKUM

Die größte Insel liegt ganz im Westen und näher an der niederländischen als an der deutschen Küste. Mit dem Schiff erreicht man Borkum ab Emden. Die Fahrt ist tidenunabhängig und findet mehrmals am Tag statt. Das Befahren der Insel Borkum mit einem Fahrzeug von mehr als zwölf Tonnen ist jedoch nur mit einer Ausnahmegenehmigung erlaubt. An ausgewählten Tagen sind Tagesausflüge ab Greetsiel möglich.

Strandurlaub auf den Inseln

Weite Strandspaziergänge sind immer möglich.

Einmal auf der Insel angekommen, kann man sich in die Kleinbahn setzen und sich gemütlich vom Hafen in die gleichnamige Stadt bringen lassen. Diese befindet sich im Westen, während die Insel im Osten in eine gemütliche Dünen- und Strandlandschaft übergeht. Der **Bahnhof** liegt genau im Ortskern, wo man direkt in die Fußgängerzone gelangt oder sich ein Mietfahrrad leihen kann, um den Rest des Eilands zu erkunden. Im Südwesten ist das Ortszentrum durch den **Kurpark** von der Küste getrennt, weiter nördlich gelangt man direkt zum Badestrand und ganz im Norden erreicht man die Dünenlandschaft, in der man auf zahlreichen Spazierwegen bis zum acht Kilometer entfernten östlichen Punkt der Insel gelangen kann. Borkum besitzt mehrere **Leuchtfeuer** bzw. Leuchttürme, was sich durch die Lage an der Emsmündung begründet.

JUIST

Die Insel Juist hat die wohl ungewöhnlichste Form aller Ostfriesischen Inseln. Sie ist zwar mit rund 17 Kilometern die längste der Inseln, kommt aber in der Breite je nach Tide auf maximal einen Kilometer. Juist wird ein bis zwei Mal täglich von der Reederei Frisia ab Norddeich angesteuert. Die Fahrzeiten variieren täglich und sind von den Gezeiten abhängig. Aufgrund der Inselform erübrigt sich eine Inselbahn, denn nach Ankunft im Hafen geht man lediglich am Leuchtturm vorbei und befindet sich schon im gemütlichen Ortskern mit seinen Geschäften und Einkehrmöglichkeiten. Weiter geradeaus erreicht man die **Strandpromenade** und den weiten Sandstrand. Hier fällt sofort das **historische Kurhaus** auf der linken Seite auf, das Ende des 19. Jahrhunderts erbaut wurde.

Zu den Sehenswürdigkeiten auf Norderney zählt das Conversationshaus.

NORDERNEY

Nach Borkum ist Norderney die zweitgrößte der Ostfriesischen Inseln und beide Inseln teilen sich eine Gemeinsamkeit: Auch Norderney kann man mit dem eigenen Fahrzeug bereisen. Die Fähre der Reederei Frisia legt in Norddeich ab und erreicht den Hafen südlich der Inselstadt nach gut einer Stunde. Die Fahrt verläuft dabei völlig unabhängig vom Stand der Gezeiten. Doch eine Überfahrt mit dem Wohnmobil lohnt sich nur dann, wenn man beabsichtigt, längere Zeit auf einem der beiden Campingplätze zu verbringen.
Auch auf Norderney gilt, dass sich der touristische Schwerpunkt in der Stadt befindet und diese ganz im Westen der Insel liegt. Der Ostteil öffnet sich in eine weite Dünen- und Sandlandschaft, die nur über ganz wenige Wanderwege besucht werden kann. Weite Teile stehen unter Naturschutz und dürfen zum Glück für die hier brütenden Vogelarten nicht betreten werden. Am Kurplatz befindet sich das sogenannte **Conversationshaus**. Das klassizistische Gebäude, in dem heute die Touristeninformation untergebracht ist, entstand Mitte des 19. Jahrhunderts. Damals war der Bäderbetrieb auf Norderney schon in vollem Gange, immerhin war Norderney das erste Seebad auf einer Ostfriesischen Insel. In dem kleinen Wäldchen vor dem Bademuseum lädt außerdem das **Fischerhausmuseum** zu einem Besuch ein und es ist auch Standort für die Teeseminare, die hier stattfinden.

BALTRUM

Das kleinste bewohnte Eiland der Ostfriesischen Insel liegt genau in der Mitte der

Inselkette. Zwar fährt das Schiff der Reederei Baltrum-Linie bis zu drei Mal am Tag, doch sind die Überfahrten tidenabhängig. Wegen ihrer geringen Größe kann die Insel bequem zu Fuß an einem Tag komplett erkundet werden. In ihrer breitesten Ausdehnung sind es weniger als fünf Kilometer von Küste zu Küste.

Der überschaubare Hauptort befindet sich im westlichen Bereich und bietet überwiegend Ferienhäuser und Einkehrmöglichkeiten. Gleich auf dem Weg vom Hafen zum Ort, es sind gerade einmal 300 Meter, trifft man auf das **Nationalparkhaus Baltrum**, das im Gebäude einer ehemaligen Reederei untergebracht ist. Es zeigt Dioramen, Meerwasseraquarien und zahlreiche Informationen über Flora und Fauna der Nordsee. Nach rechts abbiegend verlässt man das Westdorf, passiert das kleinere und gleich angrenzende Ostdorf und gelangt auf die Wanderwege durch die Dünenlandschaft.

↑ Mit der Inselbahn auf Langeoog unterwegs
↓ Farbenfrohe Häuser auf Langeoog

WEITERFAHRT AUF DEM FESTLAND

Heute gibt es nur noch an ausgewählten Tagen die Möglichkeit, eine Schiffsreise ab **Dornumersiel** anzutreten. Dabei blickt man vom Stellplatz aus auf die nur viereinhalb Kilometer entfernte Insel Langeoog. Sie scheint zum Greifen nah zu sein, doch die Schiffe dorthin verkehren erst ab dem nächsten Ort an der Küste, Bensersiel. Wer lieber die Ruhe auf diesem Stellplatz genießen möchte und wenig Interesse an dem großen Campingplatz in Bensersiel hat, kann die sieben Kilometer lange Strecke bequem mit dem Fahrrad am Deich zurücklegen.

Bensersiel ist ungleich rummeliger als Dornumersiel und bietet zahlreiche Einkehrmöglichkeiten rund um den Hafen. Das **Sieltor** wird von einer sehenswerten Fußgängerbrücke überspannt, womit man gleich zum Anleger für die Schiffe nach Langeoog gelangt. Ansonsten bietet Bensersiel gleich zwei verschiedene Schwimmbäder. Westlich des Sielhafens, direkt neben dem Campingplatz, kann man das **Meerwasserwellenbad** nutzen, während östlich des Hafens die **Nordseetherme** mehrere Schwimmbecken anbietet.

ABSTECHER NACH LANGEOOG

Rund eine Stunde ist man mit dem Schiff ab Bensersiel unterwegs, um die Insel Langeoog zu erreichen. Die Verbindung ist tidenunabhängig und daher gibt es mehrere Abfahrten pro Tag.

Nach der Ankunft auf der Insel wechselt man das Verkehrsmittel und lässt sich ganz gemütlich mit der Inselbahn durch die weite Landschaft bis in das Zentrum des Ortes

Lale Andersen an der Laterne

bringen. Am **Bahnhof** folgt man schließlich zu Fuß der Hauptstraße oder kann eine der bereitstehenden Kutschen nutzen, um die Insel näher kennenzulernen. Über die gesamte Länge der Nordseite, aber auch westlich des Inselortes, erstreckt sich ein **feiner Sandstrand**, der in mehrere Abschnitte unterteilt ist. So gibt es einen rauchfreien Strand, einen Hundestrand, einen Abschnitt für Kite-Fahrer und für Sportler.

Am Ende der Hauptstraße sticht ein Denkmal ins Auge. Es zeigt die Sängerin **Lale Andersen**, die als Lili Marleen an einer Straßenlaterne steht, eine Hommage an ihr weltberühmtes Soldatenlied »Lili Marleen«.

Nur wenige Meter von Lale Andersens ehemaligem Wohnhaus (siehe Kasten) entfernt, sehen wir den Zugang zum **Dünenfriedhof**. Auf diesem wurde Lale Andersens Urne beigesetzt. Die Straßenlaterne am Ende der Hauptstraße wurde zu ihrem 100. Geburtstag im Jahr 2005 feierlich enthüllt. Gleich dahinter sehen wir übrigens das Wahrzeichen der Insel. Der auf den Dünen stehende **Wasserturm** wurde 1909 fertiggestellt und dient heute nicht mehr der Wasserversorgung,

Tipp

SONNENHOF VON LALE ANDERSEN

Lale Andersen ist zwar in Bremerhaven geboren und in Wien verstorben, doch sie wählte nach dem Ende des Zweiten Weltkriegs Langeoog als ihre neue Heimat. Bis zu ihrem Tod im Jahr 1972 verbrachte sie sehr viel Zeit im Sonnenhof, ihrem Wohnhaus auf Langeoog. Dieses finden wir in der kleinen Straße Gerk-sin-Spoor am nördlichen Ortsrand, wo der Weg gleich in die Dünenlandschaft übergeht. Heute ist im Sonnenhof eine Teestube untergebracht.

Im Hafen von Neuharlingersiel hat man die Ruhe weg.

sondern wird als Aussichtsturm genutzt. In seinem unteren Bereich befindet sich eine Ausstellung zur einstigen Wasserversorgung.

AUF ZU DEN NÄCHSTEN INSELN

Wieder zurück auf dem Festland, fahren wir in nordöstliche Richtung durch das Harlingerland und treffen nach einer Viertelstunde Fahrzeit in **Neuharlingersiel** ein, wo wir den kleinen Wohnmobilstellplatz gleich neben dem Hafen aufsuchen können. Von dort sieht man die Schiffe auf die Insel Spiekeroog ablegen. Nur wenige Meter sind es bis zum kleinen Sielhafen, um den herum sich die Touristen in den gastronomischen Betrieben niederlassen und dabei zuschauen, wie die Krabbenkutter den Ort verlassen. So machen es auch **Der alte und der junge Fischer**, eine Skulptur am Hafenkai, die mittlerweile ein beliebtes Fotomotiv und auch ein Wahrzeichen von Neuharlingersiel ist.

Südlich des Sielhafens befindet sich der historische **Sielhof**, der von einer gepflegten Parkanlage umgeben ist und Mitte des 18. Jahrhunderts entstand. Er beherbergt heute eine kleine Ausstellung sowie ein Café. Doch die wohl bekannteste Sehenswürdigkeit Neuharlingersiels ist viel kleiner und über einen Hinterhof zwischen Sielhafen und der örtlichen Sparkasse zu erreichen. Das **Buddelschiffmuseum** zeigt Krabbenkutter, ein Atom-U-Boot, die Titanic und viele andere bekannte und unbekannte Schiffe – als Miniaturmodelle in Glasflaschen. Bei dieser beeindruckenden Kunsttechnik muss der Künstler viel Geduld und Fingerfertigkeit mitbringen. Über 100 Modelle können im Buddelschiffmuseum bestaunt werden.

SPIEKEROOG

Die Fähre von Neuharlingersiel auf die Insel Spiekeroog ist tidenabhängig und legt an günstigen Tagen in den Sommermonaten bis zu vier Mal ab. Normalerweise dauert die Überfahrt rund 50 Minuten. An ausgewählten Terminen macht das Schiff einen Schlenker an den **Seehundsbänken** vorbei, was die Fahrzeit auf eineinhalb Stunden erhöht. Das Inseldorf ist nach Anlegen der Fähre schnell zu Fuß erreicht. Schon nach 500 Metern steht man im Zentrum und wer will, kann das hiesige **Inselmuseum** besichtigen. Es ist in einem historischen Kapitänshaus aus dem 18. Jahrhundert untergebracht und befasst sich mit den Themen Schifffahrt bzw. Seenotrettung. Außerdem bietet es die Möglichkeit, sich hier trauen zu lassen. Sehenswert auch das **Muschelmuseum** im Obergeschoss der Touristeninformation. Dort faszinieren über 4000 Muschel- und Schneckengehäuse und Interessierte erfahren so einiges über Muscheln.

BELIEBTE ORTE: CAROLINENSIEL UND HARLESIEL

Wie so viele Orte an der ostfriesischen Küste, ist auch Neuharlingersiel über einen Fußweg auf dem Deich mit dem nächsten Ort verbunden. Etwas weniger als zwei Stunden braucht man für den Spaziergang bis **Harlesiel**. Aber wir können auch das Wohnmobil mitnehmen, denn Harlesiel besitzt gleich zwei Wohnmobilstellplätze. Sie gehören zusammen und liegen nicht weit auseinander.

Die Harle ist ein 23 Kilometer langer Fluss, der südwestlich von Wittmund durch das Zusammentreffen von Südertief und Nordertief beginnt. Auf dem Stück zwischen Harlesiel und Carolinensiel pendelt der kleine Rad-

Harlesiel

Norddeich
Sielhäfen
Ostfriesische Inseln
Buddelschiffmuseum

B461

15 km

Wittmund

Tipp

SPAZIEREN AN DER HARLE

Die Strecke von Harlesiel nach Carolinensiel kann man am Ufer der Harle auch bequem zu Fuß zurücklegen. Dabei passiert man das beliebte Fischrestaurant Küsten-Räucherei und die Friedrichschleuse, bevor man, am Schwimmbad Cliner Quelle vorbei, den Sielhafen von Carolinensiel erreicht.

↑ Auch Carolinensiel hat eine Windmühle.
↓ Mit dem Tretboot auf der Harle nach Harlesiel

Den Wangerooger Turm sieht man auch weit außerhalb der Insel.

dampfer Concordia II und lädt zu einer gemütlichen Schiffsfahrt ein.
Gleich neben dem **Nationalpark-Haus Carolinensiel** empfängt das **Sielhafenmuseum** seine Besucher und erzählt die Geschichte des Hafens, der sogar einige Zeit lang zugeschüttet war. So sind zum Beispiel auch die Hinweistafeln entlang des Harleufers Bestandteil des Museumswegs, der vom Deutschen Sielhafenmuseum initiiert wurde. Natürlich bestehen rund um den Hafen Einkehr- und Einkaufsmöglichkeiten, doch es lohnt sich auch, den Hafenbereich nach Westen, also in Richtung Neuharlingersiel zu verlassen. Dort erreicht man nach wenigen Gehminuten auf der Mühlenstraße die sehr gut erhaltene **Holländer Windmühle**, die mittlerweile auf zwei Jahrhunderte zurückblickt und heute ein Café beherbergt.
Bevor wir mit dem Schiff nach Wangerooge übersetzen, sollten wir noch einmal einen Blick auf die Hafeneinfahrt werfen, und zwar bei Niedrigwasser. Harlesiel bietet nämlich die Möglichkeit, verhältnismäßig sicher sehr weit in das Wattenmeer hineingehen zu können. Gleich am Wohnmobilstellplatz beginnt ein Steinwall, der parallel zur Hafeneinfahrt in das Meer hineinragt. Dieser endet erst nach drei Kilometern und auf dem ersten Stück ist der Meeresboden sehr hart und gut begehbar. Dennoch sollte man sich natürlich vorher über die Tidenzeiten informieren und nicht zu weit hinausgehen. Auch der Steinwall wird bei Hochwasser komplett überschwemmt und ist dann nicht mehr sichtbar.

WANGEROOGE

Die östlichste der Ostfriesischen Inseln ist Wangerooge. Sie ist ebenfalls tidenabhängig erreichbar und die Überfahrt dauert eine Dreiviertelstunde. Nach der Ankunft an der Südspitze der Insel geht die Reise mit der **Inselbahn** weiter. Die dreieinhalb Kilometer lange Fahrt verläuft durch die Salzwiesen bis zur Inselmitte, wo sich der Hauptort befindet.

Es besteht auch die Möglichkeit, zu Fuß am Westufer entlangzuspazieren. Dort käme man, allerdings mit einem großen Umweg, am markanten **Westturm** vorbei bis zum Ort. Der rechteckige Turm wurde 1932 erbaut und dient seither als Jugendherberge. Er ist der dritte Turm, der als Westturm bezeichnet wurde. Die beiden Vorgängerbauten mussten aufgrund der Ostdrift der Insel aufgegeben werden. Der erste Westturm, der gleichzeitig Kirchturm war, stammte aus dem 14. Jahrhundert und stand fünf Kilometer westlich der Insel, also an der heutigen Insel Spiekeroog. Der Nachfolgebau, zu Beginn des 17. Jahrhunderts fertiggestellt, kann bei Ebbe heute noch erahnt werden. Das runde Fundament befindet sich an einer der Buhnen nördlich des noch existierenden Westturms.

Neben dem Westturm, der auch von Harlesiel aus gut erkennbar ist, gibt es ein weiteres Wahrzeichen der Insel. Es befindet sich am nördlichen Ende der Haupteinkaufsstraße im Ort. Die Zedeliusstraße verläuft genau auf eine Erhebung zu, auf der sich das **Café Pudding** in einem kreisrunden Gebäude befindet. Auf der anderen Seite des Cafés blickt man von oben auf den weiten Strand sowie auf die Nordsee, weshalb es ein beliebter Ort zum Einkehren ist.

HANDS OF FAME IN WITTMUND

Nach unserem Ausflug nach Wangerooge fahren wir, über kleinere Nebenstraßen und an Feldern vorbei, in kurzer Zeit nach Wittmund. Das Wohnmobil kann man auf einem der vielen Parkplätze wie zum Beispiel in der Kurt-Schwitters-Straße abstellen.

Wenn es um die Fläche geht, ist Wittmund die größte Stadt in Ostfriesland, denn das Gemeindegebiet reicht bis an die Küste heran und umfasst zum Beispiel auch Carolinensiel bzw. Harlesiel. Aurich, Emden, Leer und Norden haben hingegen mehr Einwohner. Rund um die Kirche im Hauptort Wittmund erstreckt sich die Innenstadt mit zahlreichen Einkaufsmöglichkeiten und einer **Fußgängerzone**, dessen wichtigste Straßen ein Quadrat bilden.

Wittmund
Innenstadt
B210
9 km
Jever
Altstadt
Brauerei
Schloss

Auf diesen Straßen lohnt nicht nur ein Blick in die Schaufenster, sondern auch auf den Boden. Denn dort befinden sich in Anlehnung an den berühmten »Walk of Fame« im kalifornischen Hollywood die **Hands of Fame**. Prominente Schauspieler, Sänger, Politiker und Sportler wurden hier verewigt, indem man ihre Handabdrücke in Ton brannte und diese in den Boden einließ. Neben den Abdrücken von klassischen Nordlichtern wie Heidi Kabel und Otto Waalkes findet man auch die des Astronauten Thomas Reiter oder des ehemaligen Fußballers Olaf Thon.

Dort, wo im Südwesten der Innenstadt die Kirchstraße auf die Drostenstraße trifft, hat sich inoffiziell der **Bundespräsidentenplatz** entwickelt. An sämtliche Bundespräsidenten des Landes wird hier mit einer Plakette im Boden erinnert.

Zentral befindet sich das Café auf Wangerooge.

↑ Skulptur in der Altstadt von Jever
↓ Hauptattraktion ist in Jever das Schloss.

BRAUEREIBESUCH IN JEVER

Die B 210 verbindet Wittmund mit der nur sieben Kilometer entfernten und östlich gelegenen Stadt Jever, bundesweit bekannt für die gleichnamige **Brauerei**. Diese wurde Mitte des letzten Jahrhunderts gegründet und residiert heute in einem sehr modern anmutenden Gebäude, bestehend aus zwei Türmen mit verspiegelter Fassade. In diesen Türmen sind die Tanks enthalten, in denen das Bier reifen kann. Wer will, kann die Brauerei nach Voranmeldung besichtigen. Die Besucher werden durch das historische Brauereimuseum geführt und können die Entwicklung des Bieres bis zur Abfüllung miterleben. Abschließend wird zur Bierprobe eingeladen.

Die Türme der Brauerei erheben sich am nördlichen Rand der Altstadt, die wiederum von mehreren Wassergräben umschlossen wird. Zentraler Punkt der Altstadt ist die noch relativ junge **Stadtkirche**, die Mitte des letzten Jahrhunderts gebaut wurde und ein Gotteshaus ersetzt, das zuvor abgebrannt war. Überstanden hat den Brand, und nicht nur diesen, sondern auch einen weiteren im 18. Jahrhundert, das **Edo-Wiemken-Denkmal**. Es wurde Mitte des 16. Jahrhunderts geschaffen und besteht aus dem Grabmal für den letzten Herrscher von Jever, einem sogenannten Ostfriesischen Häuptling.

Am südöstlichen Ende der Altstadt befindet sich der Schlosspark, in dem sich das **Schloss zu Jever** erhebt. Dieses war Sitz der jeweiligen Herrscher und entstand im 14. Jahrhundert. Heute beherbergt es das Schlossmuseum, das über die Geschichte und Kultur des Jeverlandes informiert. Der Schlossplatz ist zugleich Übergang von der Altstadt in das modernere Einkaufsviertel von Jever, das sich mit einer Fußgängerzone ab dem Alten Markt erstreckt. Das dort älteste Gebäude – das erste, das außerhalb der Wallanlagen und der Wassergräben gebaut wurde – ist der sogenannte **Hof von Oldenburg**. Die Gaststätte entstand Ende des 18. Jahrhunderts und ist heute beliebter Anziehungspunkt, um das dortige Glockenspiel zu beobachten. Während der musikalischen Darbietung an der Außenwand werden Figuren der einstigen Jeveraner Herrscher gezeigt, so unter anderem auch Edo Wiemken, der in der Reihenfolge als Erster erscheint.

PRAKTISCHE HINWEISE

TOURISTINFORMATIONEN

Ostfriesland Tourismus
Ledastr. 10, 26789 Leer,
Tel. 0491/91 96 96 60,
ostfriesland.travel

Tourist-Information Bad Zwischenahn
Auf dem Hohen Ufer 24,
26160 Bad Zwischenahn,
Tel. 04403/61 91 59,
bad-zwischenahn-touristik.de

Tourist-Information Leer
Ledastr. 10, 26789 Leer,
Tel. 0491/91 96 96 70,
touristik-leer.de

Tourist-Information Emden
Alter Markt 2 a, 26721 Emden,
Tel. 04921/974 00,
emden-touristik.de

Tourist-Information Greetsiel
Zur Hauener Hooge 11,
26736 Krummhörn,
Tel. 04926/918 80,
greetsiel.de

Tourismus-Service Norden-Norddeich
Dörper Weg 22,
26506 Norden,
Tel. 04931/98 62 00,
norddeich.de

Tourist-Information Strandportal Bensersiel
Am Strand 8, 26427 Esens,
Tel. 04971/9170, bensersiel.de

Tourismus Carolinensiel
Nordseestr. 1, 26409 Wittmund, Tel. 04464/949 30,
carolinensiel.de

Verkehrsverein Aurich e. V.
Norderstr. 32, 26603 Aurich,
Tel. 04941/4464,
aurich-tourismus.de

Gut erreichbare V+E in Bad Zwischenahn

Tourist-Information Jever
Alter Markt 18, 26441 Jever,
Tel. 04461/93 92 61,
stadt-jever.de

STELLPLÄTZE

S 200 **Wohnmobilstellplatz Bad Zwischenahn** (S. 181 F5)
Am Badepark,
26160 Bad Zwischenahn
GPS: 53.186826, 8.000362
Großzügiger Stellplatz mit rund 50 Stellflächen am Freibad. Am Schwimmbad entlang kommt man nach wenigen Augenblicken zum Ufer des Zwischenahner Meers. Auch das Stadtzentrum ist fußläufig gut zu erreichen. Ver- und Entsorgung sowie Strom vorhanden. Der gesamte Platz und die Schranke werden mit einer Karte bedient, die es am Kassenautomaten gibt.

S 201 **Wohnmobilstellplatz Westerstede** (S. 181 E5)
Süderstr. 2, 26655 Westerstede, Tel. 04488/782 34,
camping-westerstede.de
GPS: 53.249805, 7.934599
Knapp 30 Fahrzeuge finden Platz auf dem Stellplatz vor der Schranke des eigentlichen Campingplatzes. WLAN, Strom, Wasser vorhanden. Die Sanitäranlagen des Campingplatzes können gegen einen kleinen Aufpreis genutzt werden.

In Leer steht man sehr zentral in der Altstadt.

Der Stellplatz lässt nichts vermissen.

S 202 **Wohnmobilstellplatz Leer** (S. 180 D5)
Große Bleiche, 26789 Leer
GPS: 53.226071, 7.447171
Teil eines Großparkplatzes in zentraler Lage, von Wohnhäusern umgeben. Sani-Station und Stromanschlüsse vorhanden, Übernachtung gratis.

S 203 **Wohnmobilstellplatz Aurich** (S. 180 D3)
Tannenbergstr. 29,
26603 Aurich, debaalje.de
GPS: 53.465785, 7.476722
20 Stellflächen auf sandigem Untergrund in zentraler, aber dennoch ruhiger Lage direkt am Schwimmbad De Baalje. Das Zentrum ist nur wenige Gehminuten entfernt. Duschmöglichkeiten dürfen im Schwimmbad gegen Gebühr genutzt werden.

S 204 **Wohnmobilstellplatz Südbrookmerland** (S. 180 C4)
Langer Weg/Am Gästehafen,
26624 Südbrookmerland
GPS: 53.444630, 7.307479
Zwischen Aurich und Emden gelegener Stellplatz an einem Campingplatz, direkt am See Großes Meer. 30 Stellflächen mit Sanitärgebäude inklusive Waschmaschine und Trockner. Brötchenservice am Kiosk des Campingplatzes.

S 205 **Wohnmobilstellplatz Emden** (S. 180 C4)
Am Eisenbahndock,
26721 Emden
GPS: 53.363275, 7.208292
29 Stellflächen direkt am Binnenhafen mit Blick hinüber zum Hafentorplatz und zum Ratsdelft. Ver- und Entsorgungsstation sowie Sanitärgebäude mit Trockner und Waschmaschine vorhanden.

S 206 **Wohnmobilstellplatz Greetsiel** (S. 180 B3)
Mühlenstr., 26736 Greetsiel
GPS: 53.497925, 7.104223
Über 50 Stellflächen auf Schotterrasen am Ortsrand, aber auch direkt an einer Landstraße. Das Zentrum ist in wenigen Gehminuten erreichbar, die Zwillingsmühlen von Greetsiel befinden sich praktisch gleich gegenüber der Zufahrt. Strom und Entsorgungsstation vorhanden,

Stromsäulen gut erreichbar am Großen Meer

Alle Infos findet man leicht in Greetsiel.

Blick aufs Wasser auf dem Stellplatz in Emden

Gepflegt ist der Stellplatz von Greetsiel.

Letztere ist nicht direkt auf dem Platz, sondern auf dem davor befindlichen öffentlichen Parkplatz.

S 207 **Wohnmobilhafen Norddeich** (S. 180 C2)
Dörper Weg 18 a,
26506 Norden-Norddeich
GPS: 53.610849, 7.155900
Große Fläche für rund 100 Fahrzeuge, die jedoch stellenweise recht eng beieinanderstehen müssen. Entsorgungsmöglichkeit, Strom und WLAN vorhanden. Günstige Lage für den Besuch des Erlebnisbads Ocean Wave und der Seehundaufzuchtstation.

S 208 **Womopark Norddeich** (S. 180 B2)
Deichstr. 23,
26506 Norden-Norddeich,
womopark-norddeich.de
GPS: 53.601807, 7.135578
Über 40 Stellflächen mit Strom und Frischwasser, Einkehrmöglichkeit vorhanden. Etwas mehr als zwei Kilometer zur Seehundaufzuchtstation und weniger als drei Kilometer zum Hafen.

S 209 **Wohnmobilstellplatz Dornumersiel** (S. 180 C2)
An der Fahrrinne 46, 26553 Dornum-Dornumersiel
GPS: 53.678806, 7.479070
Parzellierte Stellflächen, die mittels aufrecht stehender Holzpfähle voneinander abgetrennt sind. Hier lohnt ein Blick auf die einzelnen Stämme, die liebevoll und unterschiedlich mit Küstenmotiven geschnitzt wurden. Ver- und Entsorgung sowie Stromanschlüsse vorhanden.

S 210 **Wohnmobilstellplatz Esens** (S. 180 D2)
Bahnhofstr., 27427 Esens
GPS: 53.639381, 7.610104
Großer Platz ohne Ausstattung und Charme, dafür für Spätankömmlinge eine gute Alternative zu den meist vollen Plätzen direkt an der Küste. Bensersiel lässt sich von hier mit dem Fahrrad in einer guten Viertelstunde erreichen. Bezahlt wird am Abend, wenn ein Mitarbeiter

↓ Sehr praktisch für Hundebesitzer ist es …
↘ … auf dem Wohnmobilstellplatz Dornumersiel.

Gleich hinter dem Deich in Neuharlingersiel

Freier Blick aufs Wattenmeer in Bensersiel

der Kurverwaltung den Platz aufsucht.

S 211 **Wohnmobilstellplatz Neuharlingersiel** (S. 181 E2)
Ostanleger,
26427 Neuharlingersiel
GPS: 53.701629, 7.708225
23 Stellflächen direkt am Wasser, aber auch am Rande eines Großparkplatzes gleich neben dem Hafen. Entsorgungsstation und Stromanschlüsse vorhanden.

S 212 **Wohnmobilhafen Harlesiel Stellplatz an der Mole** (S. 181 E2)
Am Harlesiel,
26409 Wittmund-Harlesiel
GPS: 53.709641, 7.809083
Großer gepflasterter Stellplatz direkt an der Hafeneinfahrt, auf der anderen Seite nur begrenzt durch den steinernen Wall, hinter dem der Strand beginnt. An den Wochenenden im Sommer allerdings sehr voll und eng. Geöffnet von Mitte März bis Oktober. Bei schlechten Wetterbedingungen sollte man auf die Hinweise achten und nicht zu nah am Strand stehen. Bei anlandigem Wind kann das Meerwasser durchaus bis auf den Platz gelangen. Ver- und Entsorgung sowie Strom vorhanden, Einkehrmöglichkeit gleich nebenan im Restaurant Wattkieker, angrenzend auch das Meerwasserfreibad. Bezahlt wird am Strandzugang oder an der Rezeption des Campingplatzes.

S 213 **Wohnmobilstellplatz am Campingplatz Harlesiel** (S. 181 E2)
Schwerinsgroden,
26409 Wittmund-Harlesiel
GPS: 53.707524, 7.805190
Weiterer gepflasterter Stellplatz vor dem Campingplatz, der auch von diesem betrieben wird. Geöffnet von Ende März bis Mitte September.

CAMPINGPLÄTZE

C 214 **Ems-Marina-Camping** (S. 180 C5)
Marinastr. 14–16, 26789 Leer-Bingum, Tel. 0491/99 75 15 81
ems-marina-camping.de
GPS: 53.224786, 7.418989
Direkt am linksseitigen Ufer der Ems, also gegenüber der Stadt Leer. Idealer Ausblick auf die Jann-Berghaus-Klappbrücke, wenn ein Schiff der Meyer Werft überführt wird.

C 215 **Campingplatz Knock** (S. 180 B4)
Am Mahlbusen 1,
26723 Emden,
Tel. 04927/567,
campingplatz-knock.de
GPS: 53.347487, 7.036841
Abseits gelegener und kleiner Campingplatz an der Emsmündung westlich von Emden.

C 216 **Camping am Deich** (S. 180 B4)
Erbsenbindereistr. 3,
26736 Krummhörn,
Tel. 04923/525,
camping-am-deich.de
GPS: 53.420818, 7.014735
Westlich von Krummhörn gelegener Campingplatz, gleich hinter dem Deich. Der Pilsumer Leuchtturm ist rund neun Kilometer entfernt und über den Radweg am Deich er-

reichbar. Geöffnet von April bis Anfang November.

C 217 **Nordsee-Camp Norddeich** (S. 180 C2)
Deichstr. 21, 26506 Norden-Norddeich, Tel. 04931/80 73, nordsee-camp.de
GPS: 53.604789, 7.139448
Campingplatz hinter dem Deich und etwas außerhalb gelegen, rund zwei Kilometer vom Hafen in Norddeich entfernt, geöffnet von April bis Anfang November.

C 218 **Campingplatz Um Ost** (S. 180 C2)
Am Golfplatz 3, 26548 Norderney, Tel. 04932/618, campingplatz-umost.de
GPS: 53.708548, 7.205931
Im südlichen Bereich der Inselmitte gelegener Campingplatz mit kompletter Ausstattung. Geöffnet von Mitte April bis Mitte Oktober.

C 219 **Campingplatz am Nordseestrand** (S. 180 D2)
Hafenstr. 7, 26553 Dornum-Dornumersiel, Tel. 04933/351, dornum.de
GPS: 53.680587, 7.483024
In den Jahren 2017 und 2018 renovierter Campingplatz mit neuem Sanitärgebäude. Direkt am Strand und neben dem Hafen Dornumersiel. Mit 24 hundefreundlichen Stellflächen auf dem Platz.

C 220 **Strand- und Familiencamping Bensersiel** (S. 180 D2)
Am Strand 8, 26427 Bensersiel, Tel. 04971/91 71 21, bensersiel.de/camping
GPS: 53.675348, 7.568089
Großer Campingplatz am westlichen Ortsrand von Bensersiel mit direktem Zugang zum Strand und zum Wattenmeer bzw. zur Nordsee. Mehrere große Sanitärgebäude stehen zur Verfügung.

C 221 **Nordsee-Camping Neuharlingersiel** (S. 181 E2)
Alt Addenhausen 4, 26427 Neuharlingersiel, Tel. 04974/188900, neuharlingersiel.de
GPS: 53.695725, 7.690254
Ganzjährig geöffneter und großer Campingplatz direkt hinter dem Deich im Westen des Ortes.

C 222 **Nordseecamping Boyungs** (S. 181 E2)
Friedrichsgroden 2 a, 26409 Wittmund-Carolinensiel, Tel. 04464/17 38, nordseecamping-boyungs.de
GPS: 53.698605, 7.804474
Kleiner, familiär geführter Campingplatz mit direktem Zugang zum Schwimmbad Cliner Quelle. Der Platz liegt genau zwischen Harlesiel und Carolinensiel.

C 223 **Campingplatz Harlesiel** (S. 181 E2)
Schwerinsgroden, 26409 Carolinensiel-Harlesiel, Tel. 04464/949398, campingplatz-harlesiel.de
GPS: 53.706876, 7.804956
Großer Campingplatz direkt am Strand und hinter dem Deich.

↓ Campingplatz und Stellplatz in Harlesiel
↙ Übernachtung direkt am Harleufer

Immer beeindruckend, wenn so ein Dreimaster am Kai anlegt.

3

DURCH DAS MARSCHLAND ZUM ALTEN LAND

Von Wilhelmshaven nach Buxtehude

Wir verweilen noch ein wenig an der Nordseeküste, besuchen Wilhelms- und Bremerhaven, wobei wir den Jadebusen umrunden und Butjadingen erkunden. Auch Cuxhaven als nördlichstem Punkt Niedersachsens statten wir einen Besuch ab, unternehmen eine spannende Wattwanderung und machen uns schließlich auf den Weg zurück in den Süden. Am Ende dieser Route erreichen wir Buxtehude, das an der Deutschen Märchenstraße liegt.

Wilhelmshaven besitzt nicht die Gemütlichkeit einer Ortschaft wie Carolinensiel oder gar die einer der autofreien Inseln, doch entpuppt sich die Stadt mit mehreren Stellplätzen als außerordentlich wohnmobilfreundlich. Wer nur ein wenig schlendern möchte, ohne gleich zu übernachten, sollte den Wohnmobilstellplatz am Fliegerdeich aufsuchen. Von dort kommt man zu Fuß gut zu den Hauptsehenswürdigkeiten.

Mit Wilhelmshaven haben wir den **Jadebusen** erreicht, auf den wir direkt vom Wohnmobilstellplatz blicken. Die Meeresbucht erstreckt sich zwischen dem Bereich der Unterweser und der ostfriesischen Halbinsel. Entlang des Deiches spazieren wir in Richtung **Kaiser-Wilhelm-Brücke**, die eine der Sehenswürdigkeiten der Stadt ist. Sie wurde Anfang des letzten Jahrhunderts errichtet und ist bis heute die größte Drehbrücke Deutschlands.

Großer Beliebtheit erfreut sich bei Besuchern der Stadt die Promenade am Südstrand, die an der Kaiser-Wilhelm-Brücke beginnt. So kann man hier das **Deutsche Marinemuseum** besichtigen, das neben einer umfangreichen Dauerausstellung auch ein großes Freigelände bietet. Das größte Exponat ist der ehemalige Zerstörer »Mölders«. Das Schiff wurde auf einer US-amerikanischen Werft gebaut und 1969 in Boston in Dienst gestellt. Nach Einsätzen im Mittelmeer und unzähligen Übungsfahrten der Nato wurde es 2003 ausgemustert und versieht nun seinen Dienst als Museumsschiff. Gleich neben dem Deutschen Marinemuseum befindet sich die Verwaltung des Nationalparks Wattenmeer. Sie ist im **Wattenmeerhaus**, einem Besucherzentrum, untergebracht und informiert ausführlich über das UNESCO-Weltnaturerbe. Ein weiteres Museum, das sich mit der Küste befasst und übrigens auch eine Ausstellung über den JadeWeserPort zeigt, ist das **Küstenmuseum** am Bontekai auf der nördlichen Seite des Hafens.

Es gibt viel zu besichtigen in Wilhelmshaven.

ROUTE 3

START- UND ENDPUNKT
Wilhelmshaven und Buxtehude

STRECKEN
überwiegend Landstraßen, kurzzeitig Autobahn

STRECKENLÄNGE
ca. 330 km

FAHRZEIT
4 bis 5 Tage

BESTE JAHRESZEIT
April bis Oktober

Start Wilhelmshaven
A29 Deutsches Marinemuseum Wattenmeerhaus
B437 65 km
Nordenham

UM DEN JADEBUSEN

Östlich des Jadebusens ist die Besiedlungsdichte gleich deutlich dünner. Das bemerken wir, sobald wir die B 437 nordwärts in Richtung Butjadingen verlassen und auf schmaleren Landstraßen unterwegs sind. Dabei gibt es gar keinen klassischen Ort namens **Butjadingen.** Gemeint ist zum einen die Halbinsel zwischen dem Jadebusen und der Weser und zum anderen der Zusammenschluss mehrerer Gemeinden mit Sitz in Burhave.

Rund um Butjadingen ist deutlich eine Entschleunigung zu spüren. Selbstverständlich gibt es hier Schwimmbäder, Touristenbüros und Sehenswürdigkeiten. Doch es wirkt nicht rummelig, wenn man zwischen den einzelnen Dörfern und Feldern durch die Landschaft reist. Das mag auch daran liegen, dass typische Sandstrände Mangelware sind. In dem eingedeichten Gebiet erholt man sich üblicherweise auf einem rasigen Badestrand. Oder man spaziert auf dem **Skulpturenpfad** zwischen Burhave und Fedderwardersiel, besucht den Naturerlebnispfad **Langwarder Groden** oder radelt auf einem der zahlreichen Radwege von Ort zu Ort. Idealer Ausgangspunkt hierfür ist der Wohnmobilstellplatz in Fedderwardersiel oder einer der umliegenden Campingplätze in Burhave oder Tossens, die darüber hinaus eigene Wohnmobilstellplätze anbieten.

Im Osten der Halbinsel erstreckt sich am Weserufer die Stadt **Nordenham**, die einen kleinen Stadtkern zu bieten hat, aber mit Sehenswürdigkeiten recht sparsam umgeht und von der Industrie geprägt ist. Dennoch gibt es am dortigen Freizeitbad, abseits vom Ufer, einen Wohnmobilstellplatz und einen **Planetenweg**, der zu einem Spaziergang am Weserufer animiert.

Nördlich von Nordenham pendelt die Fähre zwischen der Stadt und Bremerhaven als Teil der B 212. Die **Weserfähre** benötigt rund zwölf Minuten für die Verbindung und verkehrt von morgens bis abends ein bis dreimal die Stunde. Übrigens hat man gleich nach dem Ablegen Niedersachsen verlassen und befindet sich im Bundesland Bremen.

Südlich von Nordenham trifft man auf die B 437, die durch den **Wesertunnel** unter dem Fluss hindurchführt und auf die A 27 zwi-

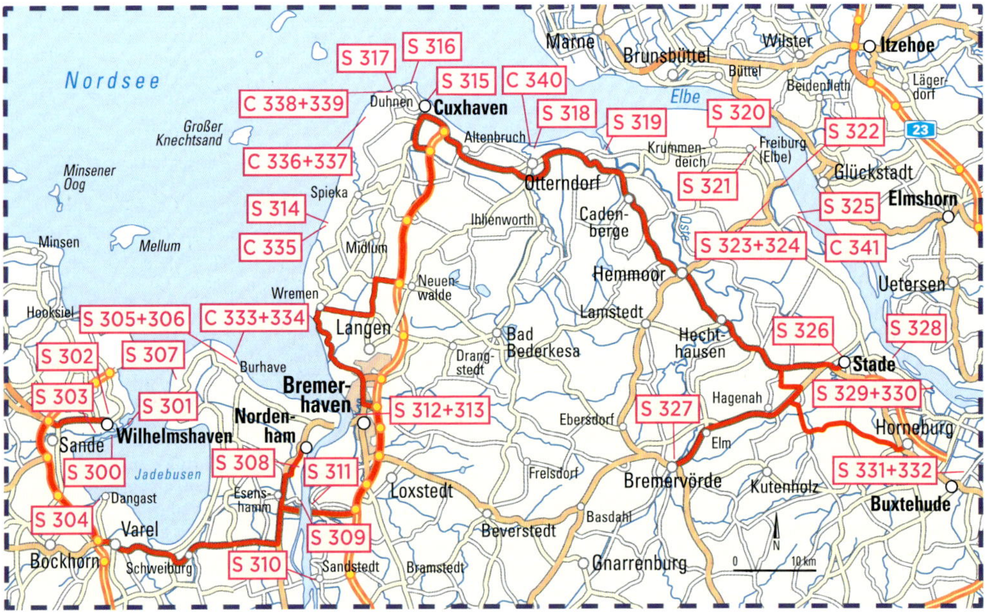

↑ Historischer Leuchttum in Bremerhaven
↗ Auswanderergeschichten gibt es im Museum.

schen Bremen und Bremerhaven stößt. Nach sechs Jahren Bauzeit wurde der Wesertunnel im Jahr 2004 fertiggestellt und dem Verkehr übergeben. Zuvor pendelte hier eine Fähre zwischen Kleinensiel und Dedesdorf. An den Anlegestellen gibt es idealerweise kleine Wohnmobilstellplätze.

AN DER WESER IN BREMERHAVEN

Auch wenn wir uns in Bremerhaven nicht in Niedersachsen bewegen, sondern im Bundesland Bremen, lohnt ein Besuch, liegt die Stadt doch auf unserem Weg. Die Hauptattraktionen von Bremerhaven befinden sich zwischen dem Innenstadtbereich und der Weser direkt am Ufer.

Gleich an der Nordmole, die das Ende des nördlichen Geeste-Ufers markiert, erstreckt sich das Strandbad. In direkter Nachbarschaft befindet sich das **Deutsche Schifffahrtsmuseum**, das sich trotz Rechtschreibreform weiterhin mit zwei f schreibt. Rund um die Bremer Kogge aus dem 14. Jahrhundert, zweifelsohne das Flaggschiff des Museums, können zahlreiche Exponate rund um das maritime Thema besichtigt werden. Dazu zählen zahlreiche Schiffsmodelle und Ausrüstungsgegenstände der unterschiedlichsten Schiffstypen, vom Segler bis zum Containerschiff.

Nordenham
Jadebusen
B212
B437
A27 38 km
Bremerhaven
Deutsches Schifffahrtsmuseum
Auswandererhaus
Klimahaus
16 km
Wremen

Die **Bremer Kogge** wurde in den 1960er-Jahren bei Arbeiten im Hafen von Bremen entdeckt. Über 2000 Fragmente des Schiffes konnte man bergen und so das Schiff in großen Teilen wieder zusammensetzen. Mit einer chemischen Lösung wurde es dann unter Wasser konserviert. Erst im Jahr 2000 war es so weit, dass man das Schiff ausstellen konnte.

Auch im Außenbereich des Museums gibt es einige Schiffe zu sehen und zu betreten. Unter anderem das U-Boot Wilhelm Bauer, das erst im Winter 1945 in Dienst gestellt und mit Ende des Zweiten Weltkrieges wenige Monate später von der Besatzung selbst versenkt wurde. In den 1950er-Jahren wurde es gehoben und wieder schwimmfähig gemacht. Anschließend diente es als Versuchs- und Erprobungsschiff, bis es 1983 zum jetzigen Museumsschiff umgerüstet wurde.

Folgt man der Weser weiter flussabwärts,

Tradition und Moderne findet man beim Spaziergang durch Bremerhaven.

passiert man das Shoppingcenter Mediterraneo und gelangt zum **Klimahaus 8° Ost**. Diese Ausstellungshalle entführt den Besucher auf eine Reise entlang des achten Längengrades, wobei man mehrere Klimazonen durchlebt und auf das Klima in Italien,

SPECIAL

ATOMSCHIFF OTTO HAHN

Zwischen Hafenbecken und Museumsgebäude ragt auch der Schornstein des Schiffes Otto Hahn in die Höhe. Benutzt wurde der Schornstein aber nur, wenn das Schiff die Hilfsmotoren startete. Denn angetrieben wurde das Frachtschiff Otto Hahn mit Kernenergie. Es war das einzige »Atomschiff« Deutschlands. Nach elf Jahren wurde der atomare Antrieb stillgelegt und mit dem Verkauf des Schiffes ein herkömmlicher Dieselmotor eingebaut.

Kamerun, der Antarktis und weiteren Orten entlang des Längengrades trifft. Gleich neben dem Klimahaus erhebt sich das Atlantic Hotel Sail City. Für uns Wohnmobilfahrer ist das Hotel, das wie ein Segel geformt ist und das Stadtbild von Bremerhaven prägt, eher bedeutungslos. Doch bietet es eine kostenpflichtige **Aussichtsplattform** in der 20. Etage und man kann von dort die Wesermündung überblicken.

Von dort oben erkennt man auch sehr gut die stilisierten Fische, die auf den **Willy-Brandt-Platz** gemalt wurden und mit dafür sorgten, dass dieser Platz schon zwei Mal mit einem Architekturpreis ausgezeichnet wurde. Gleich daneben befinden sich das zum Bremerhavener Leuchtturm gehörende Unterfeuer mit seinem rot-weißen Türmchen sowie der Zoo. Trotz des Namens **Zoo am Meer** und seiner Lage direkt an der Wesermündung gibt es dort nicht nur Meerestiere zu sehen.

Auf der anderen Seite des Hafenbeckens steht das **Deutsche Auswandererhaus**. Es ist das einzige Museum Deutschlands, das sich mit dem Thema Migration befasst, und es zeigt auf, wie die Auswanderungswelle der Deutschen in die Vereinigten Staaten verlief und was das für den einzelnen Auswanderer bedeutete. Dahinter verläuft, wie schon eingangs erwähnt, die Fußgängerzone durch das Stadtzentrum, auf der wir nach einem langen Rundgang wieder zum Wohnmobilstellplatz zurückkehren können.

LEUCHTTURM IN WREMEN

Wenn wir Bremerhaven verlassen, sind wir bekanntlich wieder in Niedersachsen unterwegs. An der Ausfahrt 5 der A 27 lohnt es sich, über die Kreisstraße zu einem kurzen Abstecher nach Wremen zu fahren. Damit sind wir wieder an der deutschen Nordseeküste angelangt und lernen einen weiteren kleinen Sielhafen kennen. An seinem Ende erhebt sich ein schwarz-weißer Leuchtturm, wobei das Verb »erheben« nicht so recht passt. Nicht umsonst trägt der Leuchtturm den Namen **Kleiner Preuße**, denn er ist gerade einmal zehn Meter hoch. Er wurde im Jahr 2005 aufgestellt und ist ein Nachbau des ehemaligen Quermarkenfeuers, das 75 Jahre zuvor abgebaut wurde und gerade mal 24 Jahre in Betrieb war. Der heutige Turm kann bestiegen werden und ist beliebt bei Brautpaaren, die sich im Leuchtturm das Jawort geben möchten.
Rund einen Kilometer landeinwärts liegt das kleine Ortszentrum von Wremen, wo sich gleich hinter der Kirche ein **Muschelmuseum** mit rund 3000 Ausstellungsstücken befindet. Direkt daneben lädt das **Museum für Wattenfischerei** zu einem Besuch ein. Es zeigt das einstige Leben der Fischer, befasst sich mit Fangmethoden und zeigt eine Krabbenküche, in der immer am Samstag nach Christi Himmelfahrt sogenannter Krabbentag ist und zum Probieren animiert. Auf der anderen Seite der Straße sehen wir noch einen originalen Krabbenkutter mitten im Ort, der als Museumsschiff ebenfalls zur Ausstellung gehört. Weiter nordwärts fahren wir nicht über die Autobahn, sondern gelangen über kleine Landstraßen nach Dorum.

Wremen
Sielhafen Leuchtturm
28 km
Cuxhaven

RUHIGE FAHRT DURCH DIE WURSTER NORDSEEKÜSTE

Dorum gehört, wie auch schon der Ort Wremen, zur Gemeinde Wurster Nordseeküste. Diese wurde im Jahr 2015 durch einen Zu-

Leuchtturm »Kleiner Preuße« in Wremen

Was gibt es Schöneres als beim Sonnenuntergang durch das Watt zu spazieren?

sammenschluss mehrerer Ortschaften gebildet. Der Ort, der sich rund fünf Kilometer von der Küste entfernt befindet, bietet gleich neben den Supermärkten das **Deichmuseum**. Es informiert über den Deichbau und den damit verbundenen Küstenschutz von einst bis heute.
Nordwestlich von Dorum erreicht man über kleine Landstraßen den dazugehörigen Ortsteil Dorumer-Neufeld. Er ist geprägt von zahlreichen Ferienhäusern, zwei Campingplätzen, einem kleinen Wohnmobilstellplatz sowie dem Sielhafen, an den ein Freibad und das **Nationalpark-Haus** grenzen. Letzteres informiert Groß und Klein über das Weltnaturerbe Wattenmeer und zeigt in mehreren Aquarien zahlreiche Lebewesen des Meeres.
Ein besonderes Highlight von Dorumer-Neufeld ist der Leuchtturm **Obereversand**. In den 80er-Jahren des 19. Jahrhunderts gebaut, stand er ursprünglich mehr an der Wesermündung. Zu Beginn dieses Jahrtausends hatte der Turm schon lange seine Funktion verloren und diente nur noch als Rettungsbake, bis er im Jahr 2003 schließlich an den heutigen Standort versetzt wurde. Über eine Seebrücke gelangt man zu dem Turm, der ein Metallgerüst als Unterkonstruktion besitzt und über eine neue Außentreppe von Besuchern erreicht werden kann.
Wenn wir unsere Reise weiter nach Norden fortsetzen, erreichen wir bei einer Fahrt über die Landstraßen **Nordholz** und damit den größten Ort der Gemeinde Wurster Nordseeküste. In Nordholz befassen wir uns ausnahmsweise nicht mit Kuttern, Seglern oder anderen Schiffen, sondern mit den Transportmitteln der Lüfte. Denn bekannt ist Nordholz für den hier stationierten **Fliegerhorst**. Doch in der Geschichte des Militärstandortes treffen wir auch wieder auf Schiffe, genauer gesagt auf Luftschiffe. Hier entstand zu Beginn des letzten Jahrhunderts die weltweit einzige Halle, die sich drehen ließ, damit die darin befindlichen Luftschiffe bei Wind egal welcher Richtung starten konnten. Die Zeppeline und die Halle waren nach Ende des Ersten Weltkriegs Geschichte und nach Ende des Zweiten Weltkriegs entstand der heutige Marinefliegerhorst.
Das Areal zwischen der Ortschaft und der Autobahn wird nicht nur militärisch ge-

nutzt, sondern verwandelt sich einmal im Jahr zu einem Festivalort. **Deichbrand**, so der Name, ist ein Festival, das im Jahr 2005 noch an einem anderen Standort veranstaltet wurde und 500 Zuschauer zählte. Nur vier Jahre später war die Besucherzahl fünfstellig und musste daher an den Standort des Fliegerhorstes umziehen. Die Toten Hosen, Fettes Brot und die Sportfreunde Stiller sind nur einige der Bands und Künstler, die beim Deichbrand-Festival auf einer der mittlerweile mehreren Bühnen standen.
Ruhiger geht es im **Aeronauticum** zu. Das Museum am Fliegerhorst zeigt mehr als ein Dutzend Flugzeuge und Hubschrauber im Außenbereich, während in einer der Hallen unter anderem die Technik und Geschichte von Zeppelinen erläutert wird. Kann man sich an der deutschen Nordseeküste sonst in verschiedenen Leuchttürmen das Jawort geben, so ist das im Aeronauticum in einem ausgedienten Flugzeug des Verteidigungsministeriums möglich.
Sportlich wird es am Nordrand von Nordholz, wo man das Wohnmobillenkrad mit einem Golfschläger tauschen kann. Niedersachsens nördlichster Golfclub mit dem Namen **Hohe Klint** lädt Interessierte an den Wochenenden dazu ein, den Golfsport gegen ein kleines Entgelt näher kennenzulernen.

Cuxhaven
Kugelbake
Insel Neuwerk
B73
45 km
Hemmoor

Die Bahnen des Golfplatzes grenzen direkt an das Naturschutzgebiet **Cuxhavener Küstenheiden**. Dieses präsentiert sich mit einer prachtvollen Heidelandschaft, die Heimstatt für 200 Tier- und Pflanzenarten ist. Neben Rebhühnern, Schwarzkehlchen und Moorfröschen kann man hier zum Beispiel bei einer Wanderung zum Wilhelm-Lemke-Aussichtsturm auch Wisente, Heckrinder und Konikpferde beobachten, die das Gebiet beweiden.

CUXHAVEN AN NIEDERSACHSENS NÖRDLICHSTEM PUNKT

Durch Altenwalde hindurch gelangen wir schließlich zur nördlichsten Spitze Niedersachsens, an der sich die Stadt Cuxhaven erstreckt. Zwar liegt die vorgelagerte Insel Neuwerk noch ein wenig weiter nördlich, doch gehört sie politisch zum Bundesland Hamburg. Dazu später mehr.
Cuxhaven bietet mehrere Park- und Übernachtungsmöglichkeiten für Wohnmobil-

↓ Semaphor in Cuxhaven
↘ Die Kugelbake markiert das Ende der Elbe.

↑ Kleiner Yachthafen in Cuxhaven
↓ Frachtschiffe verlassen hier die Nordsee und fahren in die Elbe.

fahrer, je nachdem, in welchem Stadtteil man sich niederlassen möchte. Ganz im Westen befindet sich beispielsweise an der Nordseeküste der Ortsteil Sahlenburg mit seinem weiten Sandstrand. Nördlich davon erstreckt sich Duhnen bis zur berühmten Kugelbake, die den Übergang von der Nordsee zur Elbmündung markiert. Und am östlichen Ufer dieser Festlandspitze gelangt man in den Hauptort mit dem Stadtzentrum von Cuxhaven, das sich nicht an der Nordseeküste, sondern am Elbufer befindet.

Dort beginnen wir mit unserem Aufenthalt in der Stadt, und zwar auf dem beliebten, aber auch heiß diskutierten Wohnmobilstellplatz am Jachthafen. Beliebt, weil er beste Aussichten auf die vorbeiziehenden Schiffe bietet, und heiß umstritten, weil das nur für die erste Reihe gilt, die beinahe das ganze Jahr hindurch belegt ist und man ein wenig Glück oder Geduld mitbringen muss, um zu den Shipspottern zu gehören.

Nachdem wir das Womo abgestellt haben, gehen wir wenige Minuten zu Fuß über den Seedeich in das überschaubare Stadtzentrum von Cuxhaven. Zu entdecken sind mehrere interessante Bauwerke und Museen.

Folgt man dem Schleusenpriel entlang des Landwehrkanals, so gelangt man zum **Kaemmererplatz**, wo man einen Blick auf den alten Wasserturm werfen kann. Durch die dort beginnende Fußgängerzone gelangt wenig später zum Schlossgarten, in dem sich das **Schloss Ritzebüttel** erhebt. Das aus Backstein bestehende Gebäude stammt zum Teil noch aus dem 14. Jahrhundert. Sehenswert ist im Schlosspark das kleine Schweizerhaus, das als Teehaus Mitte des 19. Jahrhunderts hinzugefügt wurde.

SEHENSWERTES IN CUXHAVEN

Die meisten Besucher von Cuxhaven halten sich jedoch überwiegend am Elbufer auf, wo sich rund um den **Hafen** weitere Sehenswürdigkeiten befinden. Zu nennen wäre da der sogenannte **Hamburger Leuchtturm**, der zu Beginn des 19. Jahrhunderts erbaut wurde und fast 200 Jahre bis zum Jahr 2001 in Betrieb war. Gleich daneben erblicken wir das Ehrenmal, das an die Minensucher im Zweiten Weltkrieg erinnert, und ein merkwürdig anmutendes Gerüst mit den Buchstaben B und H. Hierbei handelt es sich um ein **Semaphor**, das den auslaufenden Schiffen die Windstärke und Windrichtung auf den Inseln Borkum (B) und Helgoland (H) anzeigt. Es ist das letzte seiner Art in ganz Europa. Gleich dahinter liegt das **Feuerschiff Elbe 1** am Kai, wenn es nicht gerade für einen besonderen festlichen Anlass unterwegs ist. Ansonsten kann das auf der Papenburger Meyer Werft gebaute Schiff besichtigt oder für eine Eheschließung im kleinen Rahmen genutzt werden. Mehr als zehn Personen passen nicht in die Offiziersmesse, die dann als Trauzimmer genutzt wird.

Auf der anderen Seite des Hafens sieht man, gut erkennbar an der Kuppel auf dem Dach, die **Hapag-Hallen**, die heute als Terminal für Kreuzfahrtschiffe genutzt werden. Entstanden sind sie Ende des 19. Jahrhunderts durch die gleichnamige Reederei und dienten als Anlegestelle für die damaligen Auswandererschiffe nach Nordamerika. Ein weiteres

KULTUR

PINGUINMUSEUM

Das Pinguinmuseum in der Schillerstraße 64 ist für Fans dieser Tiere ein Erlebnis. Zu sehen ist die weltgrößte Sammlung von Pinguinfiguren, liebevoll von den sogenannten Pinguineltern betreut. Natürlich erfährt man auch viel Wissenswertes rund um die drolligen Frackträger (pinguin-museum-cuxhaven.de.tl).

interessantes Museum, das sich mit dem maritimen Leben befasst, befindet sich am südlichen Kai des benachbarten Fischereihafens. Es trägt den Namen **Windstärke 10** und ist ein Wrack- und Fischereimuseum. Der Name verrät schon, dass es die Hochseefischerei, die Seenot und die Gefahren auf hoher See behandelt.

Das Wahrzeichen von Cuxhaven erreicht man, wenn man dem Seedeich nach Norden folgt. Vom Wohnmobilstellplatz aus ist es ein zwei Kilometer langer Spaziergang am Ufer der Elbe entlang, bis man zur weithin sichtbaren **Kugelbake** gelangt. Das 28 Meter hohe Seezeichen steht im Ortsteil Döse und wurde erstmals zu Beginn des 18. Jahrhunderts erbaut. Die jetzige Kugelbake stammt aus der Nachkriegszeit und ist eine von vielen Nachfolgern der ursprünglichen Bake, denn Wind und Wasser setzten den Holzbauten immer zu, sodass das Seezeichen regelmäßig nach wenigen Jahrzehnten ersetzt werden musste. Die Kugelbake ist auch Symbol für den nördlichsten Punkt Niedersachsens.

Weit sichtbarer Leuchtturm auf der Insel Neuwerk

Ohne direkten Blick auf das Meer kann man hier in unmittelbarer Nähe sein Wohnmobil abstellen und übernachten. Ein guter Ausgangspunkt, um nebenan in den Kurpark zu gehen oder den kleinen Zoo von Cuxhaven-Döse zu besuchen. Bei einem Strandspaziergang erreicht man den Cuxhavener Ortsteil **Duhnen**, wo sich der Einstieg in einen lohnenswerten Wanderweg befindet: Nach fast elf Kilometern Wanderung gelangt man zur Insel Neuwerk. Alternativ kann man diese Strecke mit einem der Planwagen zurücklegen, die ebenfalls an dieser Stelle ihre Fahrt durch das Wattenmeer beginnen. Informationen hierzu gibt es bei der Tourismusinformation von Cuxhaven. Wer noch nie eine Wattwanderung gemacht, hat, sollte aus Gründen der Sicherheit lieber an einer geführten Tour teilnehmen, die ebenfalls angeboten wird.

WATTWANDERUNG ZUR INSEL NEUWERK

Beim Wattwandern sind mehrere Faktoren zu berücksichtigen. So ist an erster Stelle ein Blick auf den Tidenkalender zu werfen, um zu wissen, wann Niedrigwasser besteht, denn es gibt nur ein schmales Zeitfenster, zu dem man die Wattwanderung beginnen kann. Am günstigsten startet man zwei Stunden vor dem Niedrigwasser. Informationen sind den Touristeninformationen zu entnehmen.

Darüber hinaus ist eine Wattwanderung wetterabhängig. Bei Nebel und schlechter Sicht ist davon dringend abzuraten. Auch wenn man nicht durch Täler und Wälder läuft, kann unter diesen Umständen Orientierungslosigkeit eintreten. Außerdem darf der Untergrund nicht unterschätzt werden. Die Fortbewegung ist eine andere als auf Waldboden oder über felsigen Untergrund. Es handelt sich um weichen Meeresboden,

Zu Fuß oder mit der Kutsche gelangt man zur Insel Neuwerk.

der unter Umständen deutlich Zeit beansprucht. Vergleichbar ist das mit einem Strandspaziergang durch tiefen Sand, der auch mehr Kraft und Zeit kostet.
Zu guter Letzt darf die Entfernung nicht unterschätzt werden. Die Insel Neuwerk ist bei idealen Bedingungen schon vom Festland aus sichtbar, deutlich erkennbar an dem markanten Leuchtturm. Das führt eventuell zur Einschätzung, die Insel sei gar nicht so weit entfernt und man sei schnell dort. Doch es bleiben satte elf Kilometer durch das Wattenmeer. Etwas kürzer, nämlich nur neun Kilometer, ist die Strecke ab dem Ortsteil Sahlenburg. Beide Wege treffen im Wattenmeer zusammen und führen gemeinsam zur Insel Neuwerk.
Der Weg an sich ist gut erkennbar, denn er ist mit Holzbüschen markiert, die in den Schlick gesetzt wurden. Von ihm sollte man auf keinen Fall abweichen. Wer außerdem mit Telefon und Warnweste unterwegs ist, geht zusätzlich auf Nummer sicher. Für den Fall der Fälle gibt es im Wattenmeer mehrere Rettungsbaken, in die man sich flüchten kann, wenn das Hochwasser steigt und man die Zeit unterschätzt hat.

Die Insel Neuwerk ist nur knapp zwei mal zwei Kilometer groß und davon kann nur ein kleiner Teil betreten werden. Wer den bewirtschafteten Teil der Insel umrunden will, legt rund vier Kilometer zurück. Dabei hat man immer den bereits erwähnten **Leuchtturm** im Blick, der sich am südlichen Ufer der Insel erhebt. Er ist das älteste weltliche Gebäude an der gesamten deutschen Küste und wurde im frühen 14. Jahrhundert er-

Tipp

MIT DER MS FLIPPER ZURÜCK

Ideal ist es, die Wanderung zur Insel mit einer Rückfahrt auf der MS Flipper zu kombinieren, die von der Reederei Cassen Eils von Anfang April bis Mitte Oktober zwischen der Insel und Cuxhaven betrieben wird. Das Fahrgastschiff ist tidenabhängig und fährt daher nur bei Hochwasser. So hat man nach Ankunft auf der Insel genügend Zeit, sich mit dem kleinen Eiland zu befassen, bevor es per Schiff zurückgeht.

Frohe Weihnacht das ganze Jahr hindurch

richtet. Zunächst diente er als Wehrturm und sollte die Einfahrt in die Elbe schützen, später wurde er auch Messpunkt für die Landvermessung durch Carl Friedrich Gauß. Mit dem Betreten der Insel befindet man sich offiziell auf Hamburger Gebiet und damit ist der Leuchtturm auch das älteste Gebäude der Hansestadt, wenngleich es natürlich nicht im klassischen Stadtgebiet liegt. Zu sehen gibt es neben dem Leuchtturm noch das **Nationalpark-Haus** und den **Friedhof der Namenlosen**, der ebenfalls im 14. Jahrhundert angelegt wurde. Bestattet wurden hier einstmals gestrandete Schiffbrüchige, die nur noch tot geborgen werden konnten.

ABSCHIED VON DER KÜSTE

Cuxhaven verlassen wir über die B 73 und folgen dieser parallel zur Elbe bis zum zwölf Kilometer entfernten Städtchen **Otterndorf**. Der 16 Kilometer lange Fluss Medem durchquert Otterndorf und mündet wenig später in die Elbe. Dort, wo sich die Schleuse und der Seglertreff befinden, können wir Wohnmobilfahrer unser Nachtlager aufschlagen – allerdings rund zwei Kilometer vom sehenswerten Zentrum des Ortes entfernt.
Mehrere hübsche Gebäude rund um den **Kirchplatz** mit der Severikirche bilden einen gemütlichen Altstadtkern mit Fachwerkhäusern und Barockhäusern. Zu Letzteren zählt zum Beispiel das **Kranichhaus** am Rathausplatz, das man schon allein durch die große Kranichskulptur auf dem Dachfirst erkennt. Die ältesten Teile des Gebäudes stammen aus dem 16. Jahrhundert. Über die Geschichte der Stadt und der Region informiert das darin untergebrachte Museum. Sehenswert ist auch das nahe gelegene **Museum gegenstandsfreier Kunst**, das bis zu vier Wechselausstellungen moderner Kunst pro Jahr präsentiert. Kunst und Kultur wird in Otterndorf ohnehin groß geschrieben. So wird jedes Jahr der Literaturpreis eines Stadtschreibers verliehen. Die ausgezeichneten Stipendiaten wohnen dann für mehrere Monate im sogenannten Gartenhaus am Süderwall.

SPECIAL

SCHWEBEFÄHREN

Das Prinzip einer Schwebefähre ist schnell erklärt: Eine Gondel hängt an einem Brückenträger über einem Gewässer und kann so von einem Ufer zum anderen fahren. Der Träger ist üblicherweise so hoch, dass Schiffe auf dem Fluss oder Kanal ungestört unterwegs sein können. Der Vorteil einer Schwebefähre gegenüber einer herkömmlichen Fähre liegt im geringeren Energiebedarf und in der Wetterunabhängigkeit.

Auf der B 73 gelangen wir nach **Hemmoor**, wo wir rund 350 Meter hinter der Straßenunterführung links in die Fährstraße einbiegen sollten. Am Ende der Fährstraße treffen wir auf den Ostedeich und den dahinter liegenden Fluss Oste. Dieser kann hier, allerdings ohne Wohnmobil, mit einer **Schwebefähre** überquert werden. Sie wurde zu Beginn des letzten Jahrhunderts in Betrieb genommen und ist eine von nur noch sieben Schwebefähren weltweit. Die älteste befindet sich in Spanien, weitere stehen in Wales, England, Frankreich und Argentinien. In Schleswig-Holstein, genauer gesagt am Nord-Ostsee-Kanal bei Rendsburg, befindet sich die siebte.

DER WEIHNACHTSMANN VON HIMMELPFORTEN

Auf dem weiteren Weg nach Süden gelangen wir nach Himmelpforten, wo es eine Adresse gibt, die wir mit dem Wohnmobil nicht ansteuern können. Doch gegen Ende eines jeden Jahres hat diese Adresse regen Zulauf in Form von Briefpost. Denn sie lautet »An den Weihnachtsmann, 21709 Himmelpforten«. Im Jahr 1961 ging im damaligen Postamt der erste Brief ein, der an den Weihnachtsmann gerichtet war. Dieser und auch all die folgenden Briefe von Kindern aus aller Welt wurden immer beantwortet. Dafür gibt es heute ein Team von 30 ehrenamtlichen Helfern, da der Weihnachtsmann die Briefflut nicht mehr allein stemmen kann. Mittlerweile sind es nämlich rund 50 000 Wunschzettel, die in Himmelpforten jedes Jahr ankommen. Nicht umsonst hat sich die Ortschaft dadurch den Beinamen Christkinddorf verdient, wie sich Himmelpforten ganz offiziell

Cuxhaven
Kugelbake
Insel Neuwerk
B73 – 45 km
Hemmoor
Schwebefähre
B73 – 16 km
Himmelpforten
Postamt vom Weihnachtsmann
B73 – 13 km
Stade

Mit der Schwebefähre über den Fluss hinweg

In Stade braucht man keine Katzenvideos, da gibt es passende Skulpturen.

nennen darf. Zusammen mit dem **Weihnachtsmannhaus**, der Weihnachtsmannstube und dem beliebten **Christkindmarkt** in der Adventszeit ist ein längerer Aufenthalt in Himmelpforten, besonders am Ende des Jahres, garantiert.
Von Himmelpforten aus ist es nur ein Katzensprung bis **Stade**, wo wir zuallererst den im Westen der Altstadt gelegenen Wohnmobilstellplatz am Schiffertor aufsuchen sollten. Nur wenige Minuten spaziert man von dort in das gemütliche Zentrum der Stadt. Erstmalig erwähnt wurde die Stadt Ende des 10. Jahrhunderts, als Stade von den Wikingern geplündert wurde. Damals hatte die Siedlung eine große Bedeutung, beherbergte sie doch den wichtigsten natürlichen Hafen an der Unterelbe und lag in unmittelbarer Nähe maßgeblicher Handelswege.

GEMÜTLICHE ALTSTADT IN STADE

Die Altstadt ist von zahlreichen Fachwerkhäusern geprägt, die auf das 17. Jahrhundert zurückgehen, nachdem ein verheerender Brand im Jahr 1659 weite Teile der Stadt zerstörte und diese wiederaufgebaut werden musste. Einen besonders schönen Eindruck von Stade erhält man am alten **Hansehafen**. Am nördlichen und westlichen Ufer des Hafens, auch Wasser West genannt, erheben sich sogar noch Gebäude aus dem 15. Jahrhundert. Allerdings baute man nach der Sturmflut im Jahr 1962 und der damit verbundenen Überschwemmung der nördlichen Altstadt ein Wehr, weshalb der Hafen nicht mehr schiffbar ist. Dennoch ist er als Treffpunkt bis heute beliebt und bietet an seinen Kaimauern zahlreiche Einkehrmöglichkeiten. Der alte Holzkran am Ende des Hafens wurde sogar erst im Jahr 1977 gebaut, also viele Jahre nachdem der Hafen nicht mehr als solcher nutzbar war. Daher fehlt ihm auch die Mechanik im Inneren. Dennoch gibt er ein schönes Bild ab und erinnert an die Zeit bis zum Jahr 1898, als der damalige Be- und Entladungskran abgerissen wurde. Um sich mehr mit der Geschichte von Stade zu befassen, besucht man am besten am anderen Ende des Hafens das **Museum Schwedenspeicher**. Das ehemalige Garnisonshaus der Schweden entstand Ende des 17. Jahrhunderts und präsentiert sich seither mit einer barocken Backsteinfassade. Wo einst Getreide gelagert wurde, kann heute unter anderem eine archäologische Ausstellung über die Region besichtigt werden. Neben dem Fischmarkt hinter dem Holzkran erhebt sich die **Stader Stadtwaage**, die einst als Zollhaus diente. Gleich dahinter folgt man den Straßen und Gassen, wie zum Beispiel der Fußgängerzone Hökerstraße, in das Zentrum der Altstadt hinein.

Im Osten wird die Altstadt vom Burggraben und dem **Stadthafen** begrenzt. Dieser wurde geschaffen, als der alte Hansehafen zu klein wurde. Heute ist er vor allen Dingen bei Privatskippern beliebt und dient als Ausgangspunkt für Fahrten mit dem dort liegenden Museumsschiff Greundiek und dem Frachtsegler Wilhelmine von Stade. Nach einem gemütlichen Spaziergang durch die Stadt mit entsprechender Einkehr in einer der zahlreichen Lokalitäten und einer angenehmen, ruhigen Nacht auf dem Wohnmobilstellplatz machen wir über die B 74 einen kleinen Abstecher nach Bremervörde.

Stade
Altstadt
B74 30 km
Bremervörde
Vörder See
B74 Innenstadt
B73 45 km
Buxtehude
Innenstadt

AUSFLUG ZUM VÖRDER SEE

In Bremervörde steuern wir das Wohnmobil auf direktem Weg zum Wohnmobilstellplatz am Ortsrand in grüner Lage. Nachdem wir uns angemeldet haben und das Wohnmobil an Strom angeschlossen ist, erkunden wir zunächst die Umgebung. Denn es sind nur wenige Schritte zum Uferweg am Vörder See. Dieser entstand in der zweiten Hälfte des

Nicht nur an Schlechtwettertagen lohnt sich der Museumsbesuch.

letzten Jahrhunderts, weil die unfruchtbaren Böden nicht zur Bewirtschaftung ausreichten und man kurzerhand beschloss, aus dem Areal ein Wassersportgebiet zu schaffen. Mit Erfolg, denn heute ist der See von einem **Rundweg** umgeben, den man mit Leichtigkeit mehrmals am Tag genießen kann, und ein kleiner Hafen sowie ein Tretbootverleih machen es möglich, den Vörder See auch von seiner Wasseroberfläche aus zu genießen. Entscheidet man sich am Stellplatz dafür, den See gegen den Uhrzeigersinn zu umrunden, dann durchquert man eine Grünanlage, die mit liebevoll gestalteten **Skulpturen** versehen ist. Am Südufer kann man zwischendurch abzweigen, um nach wenigen Gehminuten in das kleine **Ortszentrum** von Bremervörde mit seinen vielen Einkaufsmöglichkeiten zu gelangen. Westlich des Sees verläuft die Oste, die man zu Fuß auf

Wunderschöne Fassaden zeigen sich in Stade.

einem kleinen Deich begleiten kann. In südliche Richtung erreicht man dabei ein malerisches Waldgebiet, das mit einer **Aussichtsplattform** einen Blick auf das angrenzende Moor ermöglicht.
Über die B 74 gelangen wir wieder zurück nach Stade und setzen unsere Reise auf der B 73 durch das Alte Land nach Buxtehude fort.

AUFENTHALT IN BUXTEHUDE

Buxtehude ist für viele Menschen, besonders für die, die nicht in der Region leben, ein Synonym für einen weit entfernten und wenig attraktiven Ort. Dass Letzteres nicht zutrifft, beweist Buxtehude mit einer ansprechenden Innenstadt, in der sich schöne Fachwerkhäuser entlang kopfsteingepflasterter Sträßchen und Gassen erheben. Hervorzuheben ist zum Beispiel das Gebäude des Heimatmuseums, das sich am **St.-Petri-Platz** gleich gegenüber der gleichnamigen Kirche befindet. Diese wiederum stammt aus dem 13. Jahrhundert und ist mit ihrem Turm das Wahrzeichen der Hansestadt.
Immer wieder wird man beim Spaziergang durch die Innenstadt auf Hase und Igel treffen. Ob nun die örtliche Apotheke so heißt oder verschiedene gastronomische Einrichtungen diesen Namen tragen. Denn das Märchen vom Hasen und Igel, das die Brüder Grimm nacherzählten und eigentlich vom Oldendorfer Autor Wilhelm Schröder zum ersten Mal vorgestellt wurde, spielt in Buxtehude. Daher gibt es auch einen **Hase-und-Igel-Pfad**, der durch die Stadt verläuft und unter anderem am Has-und-Igel-Brunnen am Geesttor entlangführt. Es verwundert nicht, dass Buxtehude an der **Deutschen Märchenstraße** liegt, einer touristischen Straße, die in Bremen beginnt und durch das märchenreiche Weserbergland bis Hanau verläuft.

Die St. Petrikirche markiert das Zentrum von Buxtehude.

PRAKTISCHE HINWEISE

TOURISTINFORMATIONEN

Tourist-Info Wilhelmshaven
Ebertstr. 110,
26382 Wilhelmshaven,
Tel. 04421/91 30 00,
wilhelmshaven-touristik.de

Tourismus-Service Dangast
Edo-Wiemken-Str. 61,
26316 Varel,
Tel. 04451/911 40, dangast.de

Tourismus-Service Butjadingen
Strandallee 61, 26969 Butjadingen, Tel. 04733/929340,
butjadingen.de

Tourist-Info Hafeninsel
H.-H.-Meier-Str. 6,
27568 Bremerhaven,
Tel. 0471/80 93 61 23,
bremerhaven.de

Kurverwaltung Wurster Nordseeküste
Rolf-Dircksen-Weg 33,
27639 Wurster Nordseeküste,
Tel. 04705/210,
wursternordseekueste.de

CUX-Tourismus
Cuxhavener Str. 92,
27476 Cuxhaven,
Tel. 04721/40 42 00,
cuxhaven-tourismus.de

Stade Marketing und Tourismus
Hansestr. 16, 21682 Stade,
Tel. 04141/77 69 80,
stade-tourismus.de

Tourist-Information Bremervörde
Rathausmarkt 1,
27432 Bremervörde,
Tel. 04761/98 71 42,
bremervoerde.de

Servicecenter Kultur & Tourismus
Breite Str. 2, 21614 Buxtehude, Tel. 04161/501 23 45,
buxtehude.

STELLPLÄTZE

S 300 **Wohnmobilstellplatz am Fliegerdeich** (S. 181 F3)
Fliegerdeich,
26382 Wilhelmshaven
GPS: 53.510064, 8.127054
Knapp 20 Fahrzeuge in erster Reihe mit Blick auf den Jadebusen sowie einige weitere Wohnmobile in zweiter Reihe passen hier auf den befestigten Deich zwischen Wasser und großen Anlagen, in denen Ferienwohnungen untergebracht sind. Der Platz befindet sich nur 500 Meter von der Kaiser-Wilhelm-Brücke und der Promenade am Südstrand entfernt, jedoch keine Ver- und Entsorgungsmöglichkeit. Am Ende eines Park-

↓ Gut gelegen ist der Stellplatz an der Doppelschleuse. ↘ Wer in Bremerhaven nicht übernachtet, kann hier zumindest parken.

Fliegerdeich mit Blick auf den Jadebusen

Viel Platz auf dem Stellplatz am Fliegerdeich

platzes, sodass auch Pkws leider oftmals über den Platz fahren.

S 301 **Wohnmobilstellplatz Schleuseninsel** (S. 181 F3)
Schleusenstr. 43, 26382 Wilhelmshaven, wohnmobil stellplatz-wilhelmshaven.de
GPS: 53.514994, 8.152436
Zwischen Segelhafen, Deich und Grünanlagen befindet sich dieser Stellplatz für rund 30 Wohnmobile. Sanitäranlagen, WLAN und Brötchenservice werden angeboten.

S 302 **Wohnmobilstellplatz am Nautimo** (S. 181 F3)
Sportforum 40,
26386 Wilhelmshaven
GPS: 53.535983, 8.099566
Abseits der Küste befindet sich im Nordwesten der Stadt ein weiterer Stellplatz für 26 Wohnmobile. Sehr gepflegt mit Ver- und Entsorgung direkt neben dem Schwimmzentrum Nautimo.

S 303 **Wohnmobilstellplatz Wilhelmshaven** (S. 181 F3)
Banter Weg 12,
26389 Wilhelmshaven
GPS: 53.515552, 8.090801
Nur der Vollständigkeit halber, denn diese Art der Übernachtung muss man mögen: Hinter einer Autowaschanlage in einem Gewerbegebiet finden bis zu 16 Wohnmobile Platz. Strom sowie Ver- und Entsorgung sind vorhanden.

S 304 **Wohnmobilstellplatz Dangast** (S. 181 F3)
Sielstr., 26316 Varel
GPS: 53.445594, 8.109256
Stellplatz ohne besondere Ausstattungsmerkmale direkt am kleinen Jachthafen in Ortsrandlage. Bei schlechter Wetterlage oder nach langen Regenfällen kann die Wiese stark aufgeweicht sein.

S 305 **Reisemobilhafen Fedderwardersiel** (S. 181 G3)
Am Hafen 6, 26969 Butjadingen-Fedderwardersiel,
Tel. 04733/15 52,
reisemobil-hafen.de
GPS: 53.593656, 8.359333
Zwischen Jachthafen und Sielhafen gelegener Stellplatz für rund 80 Wohnmobile auf Schotterrasen. Ver- und Entsorgung sowie Strom vorhanden.

S 306 **Reisemobilhafen Nordseeblick** (S. 181 G3)
An der Nordseelagune 1,
26969 Butjadingen-Burhave,
Tel. 04733/16 83
GPS: 53.583703, 8.370117
Über 130 Wohnmobile finden auf Rasen Platz, der zu dem Knaus-Campingplatz gehört und sich vor der Schranke befindet. Stromanschlüsse vorhanden, Blick aufs Meer möglich.

S 307 **Stellplatz am Campingpark Knaus in Tossens** (S. 181 G3)
Zum Friesenstrand 1,
26969 Butjadingen-Tossens
GPS: 53.578988, 8.244274
36 Stellflächen vor der Schranke des Knaus-Campingplatzes, inklusive Stromanschluss.

S 308 **Wohnmobilstellplatz Nordenham** (S. 181 G3)
Atenser Allee 49,
26954 Nordenham

Einfacher Stellplatz in Cuxhaven-Döse

Immer beliebt ist der Stellplatz Cuxhaven.

GPS: 53.494690, 8.474478
20 Stellflächen zwischen einem Wohnviertel und dem Freizeitbad Störtebeker, nahe an einer Hauptstraße und nicht am Weserufer. Rund 20 Minuten Fußweg in das Stadtzentrum.

S 309 **Wohnmobilstellplatz Kleinensiel** (S. 181 G4)
Dedesdorfer Str., 26935 Stadland-Kleinensiel
GPS: 53.442140, 8.479065
Kleiner Parkplatz am ehemaligen Fähranleger. Etwas eng und keine Ausstattung, aber schöne Lage direkt am Weserufer.

S 310 **Wohnmobilstellplatz Sandstedt** (S. 181 G4)
Am Radarturm 5, 27628 Hagen im Bremischen Sandstedt
GPS: 53.363158, 8.512320
Ungefähr in der Mitte zwischen Bremen und Bremerhaven liegt das kleine Dorf Sandstedt direkt an der Weser und ist über die Ausfahrt 12 (Hagen) leicht zu erreichen. Vor dem dortigen Campingplatz, unweit des Ufers und des Fähranlegers nach Brake, finden zehn Wohnmobile auf einer gepflasterten Fläche Platz. Strom, Wasser und Entsorgung sind von April bis September gegeben, in der übrigen Zeit wegen Hochwassergefahr nicht nutzbar.

S 311 **Wohnmobilstellplatz Dedesdorf** (S. 181 G4)
Fährstr. 19, 27612 Loxstedt
GPS: 53.443863, 8.499572
Kleiner Wohnmobilstellplatz am ehemaligen rechten Fähranleger der Fähre nach Kleinensiel. Platz für fünf Fahrzeuge, keine Ausstattung. Blick auf das ehemalige Kernkraftwerk Unterweser am schräg gegenüberliegenden Weserufer.

S 312 **Wohnmobilstellplatz am Fischereihafen** (S. 181 H3)
Hoebelstr. 1,
27572 Bremerhaven
GPS: 53.526409, 8.576143
Stellplatz für fast 50 Fahrzeuge mitten im Hafengebiet, mit entsprechender Optik und eventuell auch der dazugehörigen Geräuschkulisse. Zu Fuß benötigt man rund eine Dreiviertelstunde bis in das Stadtzentrum, mit dem Fahrrad erreicht man es in knapp zehn Minuten. Sanitärgebäude sowie Strom, Wasser und Entsorgungsmöglichkeiten gegeben.

S 313 **Wohnmobilstellplatz an der Doppelschleuse** (S. 181 H3)
An der Neuen Schleuse 6,
27570 Bremerhaven
GPS: 53.532244, 8.576014
Ähnlich großer und ähnlich angelegter Stellplatz wie am Fischereihafen, jedoch nur 20 Minuten Fußweg in das Stadtzentrum. In einer Senke gelegen, daher kein direkter Blick auf das Wasser vom Platz aus.

S 314 **Wohnmobilstellplatz Grube in Dorumer-Neufeld** (S. 181 H2)
Am neuen Deich 2,
27639 Wurster Nordseeküste,
Tel. 04741/969 70,
deichhotel-grube.de
GPS: 53.737956, 8.518894
Für 20 Wohnmobile bietet das Deichhotel Grube Platz gleich hinter dem Deich und nur wenige Schritte vom Sielhafen

In der ersten Reihe blickt man direkt auf die Elbe.

entfernt. Hunde erlaubt, WLAN vorhanden, Strom sowie Ver- und Entsorgung ebenfalls vorhanden.

S 315 **Wohnmobilstellplatz Cuxhaven** (S. 182 A1)
Cassen-Eils-Str.,
27472 Cuxhaven
GPS: 53.875266, 8.703272
Sehr großer gepflasterter Platz für mehr als 100 Fahrzeuge, die allerdings sehr dicht beieinanderstehen. In der Wohnmobilszene auch als »Platte« bekannt. Der Blick von den mittleren Stellplätzen aus auf die Elbe oder den Hafen ist in der Regel durch die Wohnmobile in der ersten Reihe versperrt. Ver- und Entsorgung vorhanden.

S 316 **Wohnmobilstellplatz Cuxhaven-Döse** (S. 182 B1)
Messeplatz,
27476 Cuxhaven-Döse
GPS: 53.890632, 8.677845
Kleiner Stellplatz als Teil eines Parkplatzes. Nur für kleinere Wohnmobile und nicht für Dickschiffe geeignet. Auch hier ist nur enges Stehen möglich. Kein Blick auf das Meer, aber gleich hinter dem Deich gelegen.

Den Stellplatz in Cuxhaven kennt man als »die Platte«.

Stades Stellplatz in der Nähe der Altstadt

Sieht eng aus, bietet aber genug Platz.

S 317 Wohnmobilstellplatz Cuxhaven-Duhnen (S. 182 B1)
Duhner Allee,
27476 Cuxhaven-Duhnen
GPS: 53.884035, 8.647271
Großer Parkplatz mit Stellplatz. Auch hier ist nur enges Stehen möglich, rund 400 Meter vom Deich entfernt.

S 318 Wohnmobilstellplatz Otterndorf (S. 182 B2)
Schleuse 1 b,
21762 Otterndorf
GPS: 53.823027, 8.894664
Stellplatz für 24 Wohnmobile am Seglertreff und nahe dem Deich bzw. dem Hafen. Mit dem Fahrrad ist man in weniger als zehn Minuten am Rathausplatz, zu Fuß benötigt man rund eine halbe Stunde. Die Stellflächen sind recht klein und wenig für Dickschiffe geeignet.

S 319 Wohnmobilstellplatz am Natureum (S. 182 C2)
Neuenhof 8, 21730 Balje
GPS: 53.818952, 9.037517
Östlich von Otterndorf gelegener Stellplatz am Sperrwerk des Flusses Oste. Der Platz befindet sich gleich neben dem Natureum, einem Küstenmuseum, das sich mit der Landschaft der Elbemündung auseinandersetzt. Keine Ausstattung und eigentlich nur ein Grünstreifen zum offiziellen Übernachten, aber eine sehr ruhige Lage.

S 320 Wohnmobilstellplatz Krummendeich (S. 182 C2)
Osterwechtern,
21732 Krummendeich
GPS: 53.830979, 9.201942
Stellplatz für sechs Wohnmobile am Naturfreibad. Ruhige Lage am abseits gelegenen Ort zwischen Balje und Freiburg (Elbe). Der Schotter- und Wiesenplatz bietet keinerlei Ausstattung, es besteht jedoch die Möglichkeit zu duschen.

Gleich hinter den Bäumen befindet sich der Vörder See.

In Bremervörde übernachtet man immer sehr ruhig.

S 321 **Wohnmobilstellplatz Freiburg (Elbe)** (S. 182 D2)
Am Bassin 25,
21729 Freiburg (Elbe)
GPS: 53.822938, 9.293017
Kostenpflichtiger Platz für ca. 30 Fahrzeuge mit Strom, jedoch auf Parkplatz des ansässigen Sportvereins. Je nach Veranstaltung kann der Platz auch mal mit Pkws zugestellt oder es lauter sein.

S 322 **Wohnmobilstellplatz Wischhafen** (S. 182 D2)
Glückstädter Str.,
21737 Wischhafen
GPS: 53.786277, 9.340131
Günstiger Stellplatz in unmittelbarer Nähe zum Fähranleger, daher kann es schon mal unruhig werden. Direkt am Ufer der Wischhafener Süderelbe. Keinerlei Ausstattung auf dem Schotterplatz. Ganzjährig zugänglich.

S 323 **Wohnmobilstellplatz Wischhafen** (S. 182 D2)
Unterm Deich 7,
21737 Wischhafen
GPS: 53.775095, 9.321181
Näher am Ort gelegen, sehr einfach. Einkaufsmöglichkeit und Bankautomaten in unmittelbarer Nähe.

S 324 **Wohnmobilstellplatz Wischhafen** (S. 182 D2)
Hafenstr. 10,
21737 Wischhafen
GPS: 53.772920, 9.322625
Schöne Lage am alten Hafen, ruhig und günstig. Es wird um Spenden gebeten, Strom vorhanden.

S 325 **Wohnmobilstellplatz Krautsand** (S. 182 D2)
Hinterm Elbdeich, 21706 Drochtersen-Krautsand
GPS: 53.751649, 9.390183
Kostenpflichtiger und teilweise enger Stellplatz direkt zwischen Elbufer und Campingplatz. Am Ende des Tages etwas unruhig, wenn die Badeausflügler den angrenzenden Parkplatz verlassen. Gezahlt werden kann nur mit Münzen am Automaten.

S 326 **Wohnmobilstellplatz Stade** (S. 182 D3)
Schiffertorsstr. 21,
21682 Stade
GPS: 53.602900, 9.465829
Großer Stellplatz für 79 Fahrzeuge, die mit Hecken voneinander abgetrennt stehen. 2017 erhielt der Stellplatz ein komplett neues und modernes Sanitärgebäude. Die Bezahlung erfolgt durchgehend bargeldlos. In wenigen Minuten ist man zu Fuß in der Altstadt. Ver- und Entsorgung sowie Strom vorhanden. Brötchenservice und WLAN im Preis eingeschlossen.

Kapitäne zu Land und zu Wasser in Buxtehude

S 327 **Wohnmobilstellplatz Bremervörde** (S. 182 C4)
Fresenburg 8,
27432 Bremervörde,
Tel. 01525/675 71 81,
brv-bbg.de
GPS: 53.494960, 9.150587
Sehr ruhiger Stellplatz in Ortsrandlage und nur wenige Schritte vom Vörder See entfernt, den man gut zu Fuß umrunden kann. Sanitär und Strom vorhanden. Die Ver- und Entsorgung ist etwas versteckt im hinteren Bereich. Der Platz ist durch große Hecken in mehrere Bereiche unterteilt.

S 328 **Wohnmobilstellplatz Twielenfleth** (S. 183 E3)
Am Deich,
21723 Hollern-Twielenfleth
GPS: 53.604202, 9.559348
Kleiner, enger und einfacher Stellplatz am Rande eines Parkplatzes mit Blick auf die Elbe. Keine Ausstattung.

S 329 **Wohnmobilstellplatz Lühe** (S. 183 E3)
Elbdeich, 21720 Grünendeich
GPS: 53.572765, 9.631251
Am Fähranleger von Lühe, zwischen Stade und Buxtehude gelegen. Durch die Lage vor dem Deich hat man eine wunderbare Aussicht auf die Elbe und auf die vorüberziehenden Schiffe. Jedoch sehr eng und in direkter Nachbarschaft zu einem Bikertreff. Kostenpflichtig, jedoch keine Ausstattung.

S 330 **Wohnmobilstellplatz Stubbe's Gasthaus** (S. 183 E3)
Lühe 46, 21635 Jork,
stubbes-gasthaus.de
GPS: 53.568824, 9.633282
Direkt am familiär geführten Gasthaus, rund 300 Meter von der Elbe entfernt, kostenpflichtiger Stellplatz für 14 Fahrzeuge. Brötchenservice und WLAN (kostenpflichtig), keine Ver- und Entsorgungsmöglichkeit.

S 331 **Wohnmobilstellplatz Buxtehude** (S. 183 E4)
Parkstr., 21614 Buxtehude
GPS: 53.471630, 9.695545
Großzügiger Schotterplatz für rund 30 Fahrzeuge. Zentrale Lage am Ufer der Este. Am anderen Flussufer jedoch die Festhalle, weshalb es schon mal laut werden kann. Einkaufsmöglichkeit und Stadtzentrum fußläufig erreichbar. Strom sowie Ver- und Entsorgungsmöglichkeiten vorhanden, ganzjährig geöffnet.

S 332 **City Sportboothafen Buxtehude Hansa** (S. 183 E4)
Am Hafen 5,
21614 Buxtehude,
Tel. 0174/461 17 47,
bwvhansa.de
GPS: 53.479173, 9.703749
Kleiner Stellplatz an einer Marina direkt am Altstadtkern. Sanitär und Strom vorhanden.

CAMPINGPLÄTZE

C 333 **Knaus Camping Fedderwardersiel** (S. 181 G3)
Lagunenweg,
26969 Butjadingen-Fedderwardersiel, Tel. 04733/16 83,
knauscamp.de
GPS: 53.592570, 8.359497
Verhältnismäßig kleiner Campingplatz mit 50 Parzellen am Rande des Jachthafens in ruhiger Küstenlage.

C 334 **Knaus Camping Burhave** (S. 181 G3)
An der Nordseelagune 1,
26969 Butjadingen-Burhave,
Tel. 04733/16 83,
knauscamp.de

GPS: 53.583492, 8.370061
Direkt südlich der Nordseelagune gelegener Campingplatz mit Meerblick, geöffnet von April bis Oktober.

C 335 Campingplatz Grube (S. 181 H2)
Kajediek 1, 27639 Wurster Nordseeküste (OT Dorum-Neufeld), Tel. 04741/31 31, campingplatz-grube.de
GPS: 53.736512, 8.522240
Familiär geführter, großer Campingplatz am nördlichen Ortsrand, nur wenige Gehminuten bis zum Kutterhafen, geöffnet von Anfang April bis Ende Oktober.

C 336 Campingplatz Wernerwald (S. 181 H1)
Wernerwaldstr. 6, 27476 Cuxhaven, Tel. 04721/290 12
GPS: 53.858264, 8.592078
Großer Campingplatz mitten im Wald und dennoch direkt an der Küste, überwiegend Dauercamper, rund 65 Stellplätze für Touristen. Gleich nebenan befindet sich das Waldfreibad. Hunde sind nicht erlaubt.

C 337 Campingplatz Muschelgrund (S. 181 H1)
Muschelgrund 1, 27476 Cuxhaven, Tel. 04721/20 90, campingplatz-muschelgrund.de
GPS: 53.861976, 8.595777
Campingplatz in Sahlenburg, der jedoch nur zehn Plätze für Tagestouristen bereithält.

In Bremervörde wird man hier in Empfang genommen.

C 338 Camping Wattenlöper (S. 181 H1)
Cuxhavener Str. 57, 27476 Cuxhaven-Duhnen, Tel. 04721/42 60 51, wattenloeper.de
GPS: 53.886003, 8.650201
Großer und modern ausgestatteter Campingplatz zwischen Duhnen und Döse, nur wenige Gehminuten nach Duhnen oder zum Deich.

C 339 Camping Nordsee (S. 181 H1)
Cuxhavener Str. 17, 27476 Cuxhaven, Tel. 04721/489 51, camping-nordsee-cuxhaven.de
GPS: 53.885750, 8.655270
Ganzjährig geöffneter Campingplatz zwischen Duhnen und Döse und in direkter Nachbarschaft zum Camping Wattenlöper. An der Kurklinik vorbei ist man auch schon am Deich und dem dortigen Freibad bzw. dem Strand.

C 340 Campingplatz See Achtern Diek Otterdorf (S. 182 B2)
Am Campingplatz 3, 21762 Otterndorf, Tel. 04751/29 33, campingplatz-otterndorf.de
GPS: 53.825310, 8.876456
Großer Campingplatz in einer Ferienparkanlage zwischen Küstendeich und zwei kleinen Seen. Nur wenige Meter zum Meer, jedoch etwas weiter vom Ortskern Otterndorf entfernt.

C 341 Campingplatz Krautsand (S. 182 D2)
Elbinsel Krautsand 58, 21706 Drochtersen, Tel. 04143/14 94, campingplatz-krautsand.de
GPS: 53.751499, 9.387531
Überschaubarer Campingplatz in Elbnähe, familiär geführt mit direkter Anbindung an den Elbe-Radweg.

Das Bremer Rathaus steht zu Recht auf der Welterbeliste.

4

AUF STÄDTETOUR AN DER MITTELWESER

Von Bremen nach Hannover

Eingebettet in das Bundesland Niedersachsen liegt die Stadt Bremen, streng genommen natürlich ein eigenes Bundesland. Eine Stadtbesichtigung sollte dennoch sein, beherbergt die Hansestadt doch eines der berühmtesten Gebäude im Stil der Weserrenaissance. Unsere Entdeckungstour mit Ziel Hannover, die Hauptstadt Niedersachsens, bringt uns in weitere sehenswerte Städte der Weserrenaissance.

Vom Stellplatz Am Kuhhirten in Bremen aus haben wir zwei Möglichkeiten, zu Fuß in das Stadtzentrum zu gelangen, was in beiden Fällen keine halbe Stunde dauert. Entweder gehen wir über die Werderstraße und überqueren an der ersten Möglichkeit die Weser über die **Wilhelm-Kaisen-Brücke** oder wir gehen hinter dem Stellplatz auf den Fährweg, der uns zu der kostenpflichtigen **Sielwallfähre** bringt. Sie legt an einem Strandabschnitt ab und setzt uns über zum rechten Weserufer. Während der Überfahrt können wir flussaufwärts, also nach rechts blicken und das Weserstadion von Werder Bremen sehen. Nach dem Anlegen gehen wir nach links und erreichen ebenfalls die Wilhelm-Kaisen-Brücke. Bereits vor der Brücke erhebt sich auf der rechten Seite das berühmte und beliebte **Schnoorviertel** mit seinen zahlreichen Gassen und Läden, das man unbedingt besucht haben muss.

Beim Spaziergang durch das Schnoorviertel sollte man sich einfach treiben lassen. Die Hauptstraße, die durch das Viertel verläuft, heißt Schnoor und ist Ausgangspunkt für die weiteren abzweigenden Gänge und Gassen. Einkehrmöglichkeiten laden zum Verweilen ein und in zahlreichen Geschäften, Galerien und Souvenirläden kann man stundenlang stöbern. Eine Vielzahl der Gebäude in der Schnoor stehen unter Denkmalschutz.

Im Schnoorviertel lässt es sich flanieren.

SPECIAL

DGZRS

Die Deutsche Gesellschaft zur Rettung Schiffbrüchiger (DGzRS), auch kurz Seenotretter, wurde 1865 zur Rettung von Menschenleben an der Küste und auf dem Meer gegründet. Sie unterhält eine Flotte von über 50 Schiffen an Nord- und Ostsee und hat ihren Sitz in Bremen. Die DGzRS erhält keine staatlichen Zuschüsse, sondern ist fast ausschließlich auf Spendengelder angewiesen. Bekannt sind die Sammeldosen in Form eines Schiffes, die in zahlreichen Geschäften und Gastronomiebetrieben zu sehen sind.

ROUTE 4

START- UND ENDPUNKT
Bremen und Hannover

STRECKEN
überwiegend Landstraßen und Bundesstraßen

STRECKENLÄNGE
ca. 220 km

FAHRZEIT
3 bis 4 Tage

BESTE JAHRESZEIT
ganzjährig

Start Bremen
Altstadt
Stadtmusikanten
Schnoorviertel
A27
39 km
Verden (Aller)

HISTORISCHE SPUREN IN DER HANSESTADT

Weiter nördlich erstreckt sich das modernere Stadtzentrum. Der dortige Bremer **St.-Petri-Dom** und das benachbarte **Rathaus** stehen zusammen mit dem legendären Bremer Roland auf der Welterbeliste der UNESCO. Im Laufe der Jahrhunderte wurde der St.-Petri-Dom immer wieder erweitert und umgebaut. So wurden zum Beispiel die beiden rund 90 Meter hohen Türme erst Ende des 19. Jahrhunderts symmetrisch gestaltet. Der Südturm, der nach einem Einsturz im 17. Jahrhundert komplett neu errichtet wurde, dient heute als Aussichtsplattform.

Als der Dom schon lange Zeit stand und bereits die ersten Umbauten hinter sich hatte, plante man gleich nebenan den Bau des Rathauses, das heute das wohl bedeutendste Gebäude im Stil der Weserrenaissance ist. Schon zuvor gab es ein Rathaus, im romani-

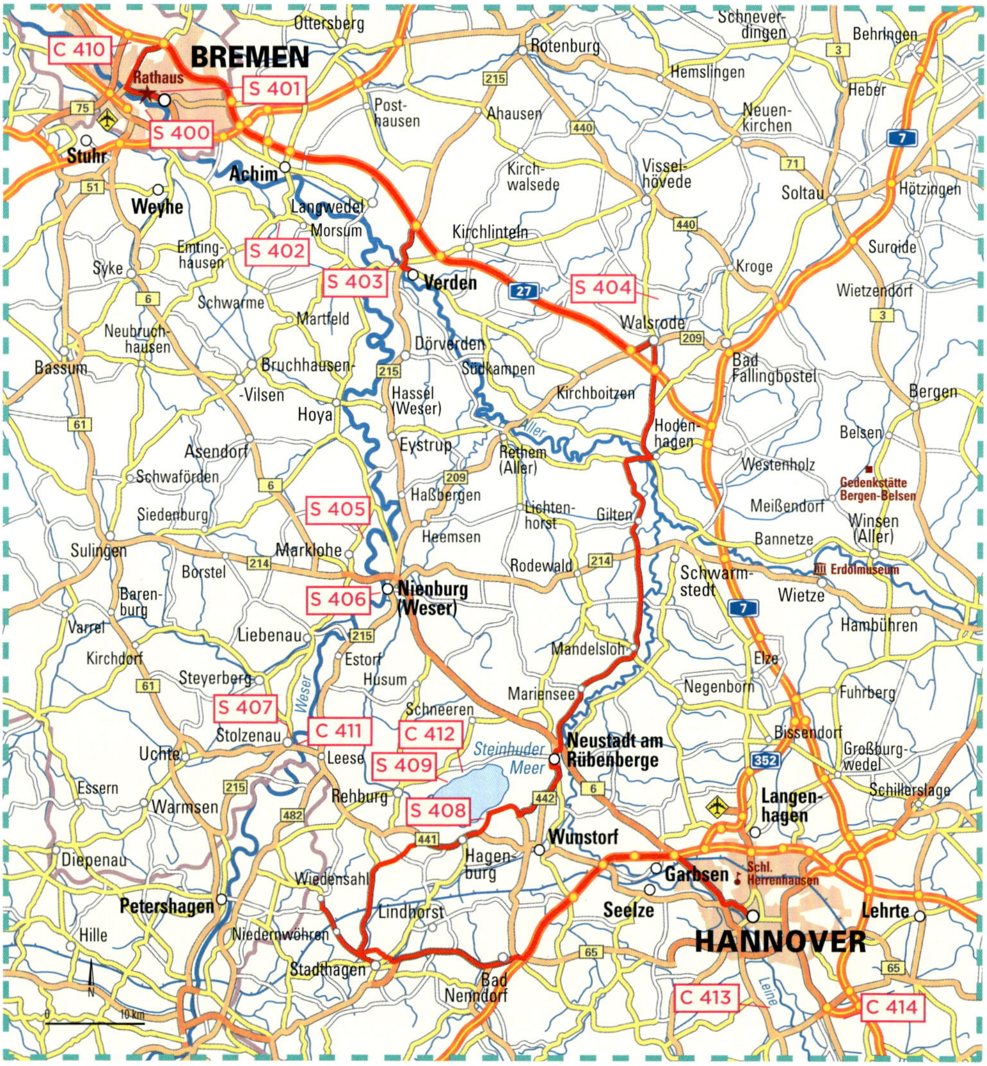

Der Bremer Roland wacht über den Platz in der Altstadt.

schen Stil und rund 80 Meter weiter nordwestlich, ungefähr dort, wo sich heute die Geschäftszeile gegenüber der Liebfrauenkirche befindet. Auch das neue Rathaus erhielt im Laufe der Jahrhunderte zahlreiche Um- und Anbauten. Die Fassade, die durch die Weserrenaissance geprägt ist, zeigt zwischen den Fenstern symbolische Figuren, die den Kaiser und die sieben Kurfürsten des Heiligen Römischen Reichs darstellen sollen. Geht man einmal halb links um das Rathaus herum, gelangt man zu ganz anderen Figuren, die jedes Kind kennt: einem Esel, auf dessen Rücken ein Hund steht, auf dem sich wiederum eine Katze befindet und ganz obenauf sitzt der Hahn. Kurz gesagt, die Skulptur der **Bremer Stadtmusikanten** befindet sich an der Seitenwand des Bremer Rathauses und ist ein nicht minder beliebtes Fotomotiv. In dem berühmten Märchen der Gebrüder Grimm sind die vier Tiere ihren Besitzern entkommen, die sie aus Altersgründen töten wollten. Sie treffen sich zufällig und folgen dem Vorschlag des Esels, in Bremen Stadtmusikanten zu werden. Und nun stehen sie hier als Skulptur des Künstlers Gerhard Marcks seit 1953 und wie man an den glänzenden Vorderläufen des Esels gut erkennen kann, glaubt man, dass das Berühren der Beine Glück bringe.

Die Stadtmusikanten findet man links vom Rathaus.

Alles Notwendige findet man in Verden an der Aller.

Deutlich größer ist die Skulptur, die sich auf dem Marktplatz vor dem Rathausgebäude befindet und ebenfalls zum Weltkulturerbe gehört. Die Rede ist vom **Bremer Roland**, der stolze fünfeinhalb Meter hoch ist und im Jahr 1404 aufgestellt wurde. Würdevoll steht Roland, der Neffe von Karl dem Großen gewesen sein soll, mit Schild und erhobenem Schwert auf dem Platz und blickt in Richtung St.-Petri-Dom. Nicht unerwähnt bleiben darf natürlich die **Liebfrauenkirche** nördlich vom Bremer Rathaus. Sie ist die älteste Kirche der Stadt und entstand im frühen 12. Jahrhundert, als an das damalige hölzerne Kirchenschiff der heutige Turm angebaut wurde. Daraufhin folgten die in der Backsteingotik erschaffenen Kirchenschiffe und der wesentlich kleinere Südturm.

AUF SAFARI IN NIEDERSACHSEN

Doch zurück von Bremen in das Bundesland Niedersachsen, wo wir entweder über Nebenstraßen entlang der Weser nach **Verden an der Aller** reisen oder uns für die schnellere Variante auf der A 27 entscheiden. Das kleine Städtchen lässt sich wunderbar vom Wohnmobilstellplatz am nördlichen Altstadtrand erkunden. Von dort sind es nur wenige Gehminuten bis in die Große Straße, die als Haupteinkaufsstraße das Stadtzentrum durchschneidet und von zahlreichen Fachwerkhäusern flankiert wird. Vorbei am barocken **Rathaus** mit seinem sehens-

AUSFLUG

AUSFLUG MIT ZERTIFIKAT

Wer sich aufmacht, Niedersachsen mit dem Wohnmobil zu erkunden, wird sich möglicherweise für den geografischen Mittelpunkt des Bundeslandes interessieren. Er liegt an einem Feldrand rund zwölf Kilometer südwestlich von Verden an der Aller und lässt sich sowohl mit dem Wohnmobil als auch bei einem Fahrradausflug besichtigen. Wer will, kann sich den Besuch mit einer Urkunde bestätigen lassen.

werten Rathausturm, gelangt man bei einem Schaufensterbummel bis zum **Dom**, der das südliche Ende der Altstadt markiert und einen romanischen Backsteinturm aus dem 12. Jahrhundert besitzt. Zweigt man bei dem Spaziergang unterwegs ab, gelangt man automatisch zur Aller, die malerisch am westlichen Rand Verdens verläuft.

Verden an der Aller bietet auch außerhalb der Altstadt einige Attraktionen. Da wäre zum Beispiel der **Ritter Rost Magic Park**, der vor allen Dingen die kleinsten Wohnmobilinsassen mit zahlreichen Zaubershows und Fahrgeschäften erfreuen dürfte. Und dass man im Norden Deutschlands nicht immer direkt bis zur Küste fahren muss, um Dünen zu erleben, beweist das kleine **Dünengebiet bei Neumühlen**. Mitten auf einer Lichtung erheben sich mehrere Sanddünen, die von Kiefern umgeben sind und auf kurzen Spazierwegen betrachtet werden können.

Nur eine Ausfahrt weiter auf der A 27 von Verden an der Aller kommen wir nach **Walsrode**, einem kleinen Ort, dessen Hauptsehenswürdigkeit ebenfalls außerhalb des Stadtzentrums liegt. Berühmt ist Walsrode nämlich für den **Weltvogelpark**, in dem vom Kolibri bis zum Pinguin fast 700 Vogelarten zu besuchen sind. Für den Rundgang in der 1962 gegründeten Anlage, die auch eine Tropenhalle beherbergt, sollte man mehrere Stunden einplanen. Wie praktisch, dass man auf dem baumbestandenen Parkplatz vor dem Vogelpark nicht nur problemlos mit dem Wohnmobil parken, sondern auch übernachten kann.

Ein weiterer Tierpark befindet sich im nächsten Ort weiter südlich. **Der Serengeti-Park** in Hodenhagen ermöglicht es sogar, mit dem

Verden (Aller)
Geografischer Mittelpunkt Niedersachsens Innenstadt
A27
32 km
Walsrode
Vogelpark
12 km
Hodenhagen
Safaripark
38 km
Neustadt am Rübenberge

↓ Backsteinarchitektur in Verden an der Aller
↘ Übernachtung am Vogelpark Walsrode

Beliebt ist der Spaziergang an der Promenade in Steinhude.

Wohnmobil durch das zur afrikanischen Landschaft umgestaltete Areal zu fahren und die Tiere vor Ort aus nächster Nähe zu erleben. Am Rande des Geländes gibt es einen Wohnmobilstellplatz, auf dem man die Nacht neben der »Masai Mara Lodge« verbringen kann.

Über Landstraßen fahren wir weiter gen Süden nach **Neustadt am Rübenberge**. Der dortige offizielle Wohnmobilstellplatz bedarf kaum einer Würdigung. Es handelt sich lediglich um eine Schotterfläche ohne jegliche Ausstattung, auf der man 24 Stunden parken darf. Daher ist der Platz lediglich zum Parken zu empfehlen, um in wenigen Schritten über die Leine in die Altstadt zu gelangen. Wer in der Region nächtigen möchte, wird ohnehin lieber das nahe gelegene Steinhuder Meer ansteuern.

Dennoch ist Neustadt am Rübenberge einen kurzen Aufenthalt wert. Vor allen Dingen das **Schloss Landestrost** zieht mit seiner Backsteinarchitektur alle Blicke auf sich. Erbaut wurde es im 16. Jahrhundert im Stil der Weserrenaissance. Heute beherbergt es städtische Einrichtungen, aber auch die einzige Sektkellerei Niedersachsens, die bereits seit Ende des 19. Jahrhunderts in den Kellergewölben des Schlosses untergebracht ist.

AUSFLUG

DAS MEER UMRUNDEN

Das Steinhuder Meer bietet sich regelrecht an, mit dem Rad umrundet zu werden. Auf einer Strecke von gut 32 Kilometern lernt man vor allen Dingen das nördliche und das südliche Ufer kennen. Im Westen bzw. Osten ist man ein wenig abseits des Gewässers unterwegs und durchquert Teile des Moores bzw. der Wiesenlandschaft in Ufernähe. Der Weg ist durchgehend gut befahrbar und benötigt kaum Ausschilderung. Bei gemütlicher Fahrweise dauert die Umrundung gut zwei Stunden, Einkehrmöglichkeiten bestehen am Nord- und am Südufer.

EIN MEER IM LANDESINNEREN

Westlich von Neustadt am Rübenberge erstreckt sich das Tote Moor als Teil des **Naturparks Steinhuder Meer**. An seinem Rand, kurz vor dem nördlichen Ufer des Steinhuder Meers, kann man die Moorlandschaft auf einem kurzen Lehrpfad und mit mehreren Aussichtsplattformen näher kennenlernen. Das Steinhuder Meer ist zwar kein Meer, aber immerhin der neuntgrößte See Deutschlands und das größte Binnengewässer im Nordwesten des Landes. Mit einer maximalen Tiefe von weniger als drei Metern ist der See sehr flach und bietet Wassersportbegeisterten jede Menge Abwechslung. Aber auch das Ufer und das Umland des Steinhuder Meers locken mit zahlreichen Angeboten, mehreren Camping- und Wohnmobilstellplätzen sowie einer Vielzahl von Einkehrmöglichkeiten.

KURZBESUCH IN STADTHAGEN

Neustadt am Rübenberge
Innenstadt
B442 11 km
Steinhude
Steinhuder Meer
Totes Moor
B441 24 km
Stadthagen
Altstadt mit Amtspforte
9 km
Wiedensahl

Südlich vom Steinhuder Meer fahren wir nur wenige Kilometer auf ruhigen Landstraßen, bis wir Stadthagen und das Schaumburger Land erreichen.
Die Geschichte Stadthagens ist mit der von Bückeburg eng verbunden: Bis zu Beginn des 17. Jahrhunderts hatten die Grafen von Schaumburg ihre Residenz in Stadthagen, bis sie diese in das nahe gelegene Bückeburg verlegten. Das hiesige **Mausoleum** reicht zwar nicht an die Größe der Begräbnisstätte im Bückeburger Schlosspark heran, ist aber mit seiner Fertigstellung im 17. Jahrhundert deutlich älter und fällt im Stadtzentrum gleich auf. Denn das Mausoleum wurde an die Ostseite der **St.-Martini-Kirche** ange-

Wer mehr über das Steinhuder Meer wissen will, erfährt hier alles.

↑ Historische Bauten findet man bei einem Rundgang durch Stadthagen.
↓ Sehenswert ist die Amtspforte mit ihrer Fachwerkarchitektur.

baut, wo es wie ein siebeneckiges Anhängsel wirkt. Die Kuppel schwebt in einer Höhe von 24 Metern und hat einen Durchmesser von 10 Metern. Anders als in Bückeburg ist die Kuppel aber nicht mit Goldmosaiken ausgeschmückt, sondern zeigt sieben Bilder mit jeweils zwei Engeln. Schmuckstück des Mausoleums ist das zentral aufgestellte Monument mit dem Sarkophag des Grafen Ernst von Schaumburg.
Gleich hinter der St.-Martini-Kirche erstreckt sich der Schlosspark, durch den man in südliche Richtung zum **Schloss Stadthagen** gelangt. Es kann nur von außen besichtigt werden, es sei denn, man möchte während seiner Reise durch das Weserbergland unbedingt die Steuererklärung abgeben, denn im Schloss aus dem 16. Jahrhundert ist heute das Finanzamt untergebracht.
Auf den Spuren der Weserrenaissance findet man sich wieder, wenn man durch die kleinen Sträßchen der Altstadt zum **Rathaus** nahe der St.-Martini-Kirche zurückkehrt. Es wurde in ebendiesem Stil erbaut und zeigt sich am Marktplatz mit zahlreichen Erkern und Giebeln. Auffällig ist unter dem mittleren Erker der dort angebrachte Kieferknochen eines Wals, bei dem man bis vor Kurzem annahm, es handele sich um eine Rippe. Der Knochen wird auf ein Alter von rund 500 Jahren geschätzt.
Das Wahrzeichen der Stadt Stadthagen ist aber nicht das Schloss, sondern die sogenannte **Amtspforte**. Das relativ kleine, aber unbedingt sehenswerte Fachwerkhaus befindet sich gleich gegenüber vom Schloss am südlichen Ende der Fußgängerzone. Es wurde Mitte des 16. Jahrhunderts als Amtshaus erbaut und beherbergt mittlerweile das städtische Museum. Auffällig die zahlreichen Strahlrosetten, von denen nicht weniger als dreißig an der Fassade zu sehen sind. In seinem Inneren gibt das Museum einen Einblick in die Stadtgeschichte. Ein Schwerpunkt dabei ist die Schaumburger Tracht, die früher im Schaumburger Land weit verbreitet war.

Wiedensahl
B65 Wilhelm-Busch-Museum
A2 53 km
Hannover

Nordwestlich von Stadthagen können wir mit dem Wohnmobil für einen kurzen Abstecher nach Wiedensahl reisen.

DIESES WAR DER ERSTE STREICH ...

»Aber wehe, wehe, wehe, wenn ich auf das Ende sehe!! Ach, das war ein schlimmes Ding, wie es Max und Moritz ging.« – Welche Kinder als Vorbild für Max und Moritz galten, ist nicht überliefert. Aber möglicherweise lebten sie in Wiedensahl, denn dort wurde im Jahr 1832 ihr Schöpfer, der Zeichner und Dichter Wilhelm Busch geboren. Noch heute erinnert vieles in dem lang gestreckten Ort an den Humoristen. So verläuft eine Fahrradroute auf den Spuren von Wilhelm Busch rund um den Ort, es gibt eine Wilhelm-Busch-Apotheke und das Restaurant im Dorf heißt in Anlehnung an Witwe Bolte Bolten's Deele. Außerdem ist natürlich im Geburtshaus das **Wilhelm-Busch-Museum** untergebracht. Es ist eines von insgesamt drei Museen in Wiedensahl, was angesichts der Einwohnerzahl von etwas über 1000 Personen beachtlich ist. Ansonsten ist der Flecken Wiedensahl sehr überschaubar und schnell abgeschritten, denn der Ort besteht aus nur zwei Häuserreihen, die sich entlang der zwei Kilometer langen Hauptstraße aneinanderreihen. Diese als Hagenhufendorf bezeichnete Bauform entstand im 13. Jahrhundert und war im Schaumburger Land weit verbreitet.
Eine besondere Sehenswürdigkeit, nicht nur für Handwerker, ist das private **Zollstockmuseum**, das bereits fünf Einträge im Guinnessbuch der Rekorde erhielt. Die Be-

Hannover ermöglicht viele Museumsbesuche.

Hannover
Stadtzentrum
Herrenhäuser
Gärten

sichtigung des Zollstockmuseums ist nach telefonischer Vereinbarung möglich und kostenlos. Dem Besitzer des Museums kann man aber eine Freude bereiten, wenn man ihm als Eintrittsgeld einen Zollstock mitbringt, den er noch nicht besitzt. Nur dürfte es schwierig sein, einen solchen zu finden, denn über 37 000 Stück hat er bereits, die in sieben Kellerräumen seines Privathauses zu sehen sind.

IN DIE LANDESHAUPTSTADT

Von Stadthagen aus ist es eine einfache und schnelle Fahrt auf der B 65 bis zur Landeshauptstadt von Niedersachsen. Aber im Gegensatz zur Verkehrsverbindung macht **Hannover** es uns Wohnmobilisten nicht gerade leicht. Adäquate Stellplätze sind leider Mangelware und Campingplätze liegen weit außerhalb. Wer die Stadt also mit dem Wohnmobil besichtigen möchte, muss mit einem klassischen Parkplatz vorliebnehmen und am Abend die Landeshauptstadt verlassen. Eigentlich schade, denn auch Hannover hat natürlich so einige Sehenswürdigkeiten. Rund um die **Marktkirche** zum Beispiel erstreckt sich die Altstadt, die mit malerischen Fachwerkhäusern punkten kann. Kriegsbedingt sind es zwar nicht sehr viele, aber beim Spaziergang durch die Fußgängerzone, die Kramerstraße, fühlt man sich schon in das Zentrum einer quirligen Kleinstadt versetzt. Die Straße endet außerdem am **Historischen Museum**, in dem man sich über die Stadtgeschichte informieren kann. Gleich dahinter verläuft wiederum die Leine, wo sich am gegenüberliegenden Ufer die ersten von zahlreichen Skulpturen entlang des Flusses zeigen. Die sogenannten Nanas sind dabei wohl die bekanntesten.

Die farbenprächtigen Objekte stammen von der Bildhauerin Niki de Saint Phalle und sind auch außerhalb der Innenstadt zu sehen, genauer gesagt in der **Niki-de-Saint-Phalle-Grotte** in den Herrenhäuser Gärten. Der **Große Garten**, so die offizielle Bezeichnung, ist über 900 Meter lang und über 550 Meter breit. Er zählt zu den bedeutendsten Barockgärten Europas und wurde im 17. Jahrhundert südlich von Schloss Herrenhausen angelegt. Neben dem historischen Barockgarten zählen mittlerweile auch der nahe gelegene Berggarten, der Georgengarten und der Welfengarten zu den Herrenhäuser Gärten.

Wenn schon die Stadt Hannover schwer mit dem Wohnmobil zu bereisen ist, so kann doch wenigstens die Parkanlage gut mit dem Reisemobil angesteuert werden. Ein großer Parkplatz an der Alten Herrenhäuser Straße eignet sich auch für das Womo.

↑ Auch Hannover kann mit Fachwerkhäusern glänzen. ↓ Sehenswert ist aber vor allem das Alte Rathaus.

PRAKTISCHE HINWEISE

TOURISTINFORMATIONEN

Tourist Info Bremen
Bahnhofsplatz,
28195 Bremen,
Tel. 0421/308 00 10,
bremen.de

Tourist-Information Verden
Große Str. 40, 27283 Verden (Aller), Tel. 04231/123 45,
verden.de

Tourist-Info Vogelpark-Region
Lange Str. 20,
29664 Walsrode,
Tel. 05161/789 74 82,
vogelpark-region.de

Tourist-Information Neustadt am Rübenberge
Marktstr. 5, 31535 Neustadt am Rübenberge,
Tel. 05032/963 42 86,
steinhuder-meer.de

Hannover Tourist Information
Ernst-August-Platz 8,
30159 Hannover,
Tel. 0511/12 34 51 11,
visit-hannover.com

STELLPLÄTZE

S 400 **Wohnmobilstellplatz Am Kuhhirten** (S. 188 A1)
Kuhhirtenweg, 28201 Bremen, stellplatz-bremen.de
GPS: 53.065214, 8.818361
Rund 70 Stellflächen inklusive Strom und Sanitärgebäude, Ver- und Entsorgung ebenfalls vorhanden. Der Platz wurde im Jahr 2015 von der Fachzeitschrift promobil zum Stellplatz des Jahres gekürt. Die Stellflächen befinden sich unter dichtem Baumbestand, daher ist der Satellitenempfang stark eingeschränkt und es werden feste Antennenanschlüsse angeboten.

S 401 **Wohnmobilstellplatz Bremen** (S. 188 A1)
Schosterboorn 9,
28207 Bremen,
Tel. 0421/790 30 52,
wohnmobilstellplatz-bremen.de
GPS: 53.067797, 8.863492
Etwas ungewöhnliche Lage in einem Wohn- und Geschäftsviertel. Der Platz gehört zum artHotel und bietet zehn Stellflächen mit Blick auf kunstvoll gestaltete Hauswände. Ver- und Entsorgungsstation, Strom sowie WC vorhanden. Waschmaschine und Trockner im Hotel dürfen genutzt werden und auch das Frühstücksbüfett steht zur Verfügung.

Zufahrt zum Stellplatz in Bremen

Reicher Baumbestand am Kuhhirten

Kleiner Stellplatz in Verden an der Aller

Unter Baumkronen schläft man in Walsrode.

S 402 **Wohnmobilstellplatz Thedinghausen** (S. 187 F1)
Braunschweiger Str. 1, 27321 Thedinghausen, schloss-erbhof.de
GPS: 52.961430, 9.031368
An einem alten Schloss gelegener Stellplatz der Gemeinde. Acht Stromanschlüsse mit Stellflächen auf Wiese.

S 403 **Wohnmobilstellplatz Verden (Aller)** (S. 187 F1)
Conrad-Wode-Str., 27283 Verden (Aller)
GPS: 52.925671, 9.227686
Kommunaler Stellplatz mit Ver- und Entsorgungsstation. Sehr zentrale Lage an einer Hauptstraße, dafür ist man zu Fuß schnell im Ortszentrum.

S 404 **Wohnmobilstellplatz Walsrode** (S. 187 H1)
Am Vogelpark, 29664 Walsrode
GPS: 52.883950, 9.595858
Dichter Baumbestand an den Parkplätzen des Vogelparks. Ver- und Entsorgung vorhanden, kein Strom.

S 405 **Wohnmobilstellplatz Marina Mehlbergen** (S. 187 F3)
Werderstr., 31609 Balge, Tel. 0177/256 06 66, marina-mehlbergen.de
GPS: 52.687489, 9.177613
Netter, kleiner und vor allen Dingen ruhiger Platz an einer abgelegenen Marina am linken Weserufer. Imbiss am Platz, Sanitär und Strom vorhanden. Nur von April bis Oktober geöffnet.

S 406 **Wohnmobilstellplatz Nienburg/Weser** (S. 187 F3)
Oyler Str. 9, 31582 Nienburg/Weser
GPS: 52.642084, 9.201410
Am linken Weserufer gelegener Stellplatz und damit gegenüber dem Ortszentrum. Dieses ist aber mit einem kurzen Spaziergang über die Brücke gut erreichbar. Unmarkierte Flächen mit Strom sowie Ver- und Entsorgung.

S 407 **Wohnmobilstellplatz Stolzenau** (S. 187 F4)
Weserstr. 11 a, 31592 Stolzenau
GPS: 52.509777, 9.081343
Freier Blick auf die Weser und nur wenige Gehminuten in das Ortszentrum. Ver- und Entsorgung sowie Strom vorhanden.

S 408 **Wohnmobilstellplatz Steinhude** (S. 187 G4)
Bruchdamm 2, 31515 Wunstorf, Tel. 05033/39 08 10, steinhuder-meer.de
GPS: 52.448745, 9.354577
Großer Stellplatz für über 150 Wohnmobile auf Schotterrasen und mit Hecken abgetrennten Parzellen. Rund 500 Meter vom See und vom Ortszentrum entfernt. Sanitär und Strom vorhanden.

S 409 **Wohnmobilstellplatz Steinhuder Meer** (S. 187 G4)
Rote-Kreuz-Str. 16, 31535 Neustadt am Rübenberge, Tel. 05036/864,

Ausblick auf das Steinhuder Meer

wohnmobilstellplatz-steinhuder-meer.de
GPS: 52.486210, 9.299962
60 unterschiedlich große Stellflächen mit Strom sowie Ver- und Entsorgungsmöglichkeit. Von Wald umgeben am Nordufer des Steinhuder Meers gelegen.

CAMPINGPLÄTZE

C 410 **Hanse Camping Bremen** (S. 182 B6)
Hochschulring 1,
28359 Bremen,
Tel. 0421/30 74 68 25,
hansecamping.de
GPS: 53.114655, 8.833613
Am Stadtwaldsee gelegener Campingplatz mit Stellplatz vor der Schranke, direkt am Stadtwaldsee, aber auch nahe der A 27. Mit dem Fahrrad gelangt man durch den Bürgerpark gut in das Stadtzentrum.

C 411 **Campingplatz Stolzenau** (S. 187 F4)
Weserstr. 11 a,
31592 Stolzenau,
Tel. 0171/621 63 98,
campingplatz-stolzenau.de
GPS: 52.510910, 9.080801
Ruhiger Campingplatz gleich neben dem Wohnmobilstellplatz und unmittelbar am Ufer der Weser gelegen.

C 412 **Campingplatz Niemeyer** (S. 187 G4)
Pferdeweg 15,
31535 Neustadt am Rübenberge, Tel. 05036/530,
camping-am-steinhuder-meer.de
GPS: 52.495687, 9.323350
Im Wald gelegener Campingplatz nahe dem Nordufer des Steinhuder Meers.

C 413 **Camping Hannover am Arnumer See** (S. 188 D6)
Osterbruchweg 5,
30966 Hemmingen,
Tel. 05101/35 34,
camping-hannover.de
GPS: 52.301649, 9.746985
Große Campinganlage, die sich überwiegend an Dauercamper und Urlauber in Chalets richtet. Nur wenige Stellflächen für Durchreisende, außerdem weit außerhalb von Hannover im Süden der Landeshauptstadt an einem See gelegen.

C 414 **Campingplatz Birkensee** (S. 189 E6)
30880 Laatzen,
Tel. 0511/87 45 69 90,
camping-birkensee.de
GPS: 52.302963, 9.860579
In Waldrandlage rund um einen kleinen See gelegen, aber auch gleich neben der Autobahn. Klassische Campingausstattung und Dauercamper.

↑ Anmeldung auf dem Stellplatz in Steinhude ↓ Der Stellplatz ist groß und beliebt, daher häufig gut besucht.

Für die Altstadt von Celle sollte man sich viel Zeit nehmen.

5

RUND UM DIE LÜNEBURGER HEIDE

Von Celle nach Hamburg

Die lebhafte Stadt Celle wird gern als südliches Tor zur Lüneburger Heide beschrieben, der bezaubernden Heidelandschaft in Niedersachsens Nordosten, wo man nach Herzenslust wandern, Fahrrad oder auch Kutsche fahren kann. Wir besuchen unter anderem Uelzen, das bereits zur Metropolregion Hamburg gehört, und beschließen die Reise mit einer Besichtigung der stolzen Hansestadt – fast ein Muss, da der Stadtstaat direkt an Niedersachsen grenzt.

Nur ein kurzer Spaziergang durch den Französischen Garten ist es ab dem Stellplatz von **Celle**, um nach wenigen Minuten die Altstadt zu erreichen. Im Westen wird sie vom vierflügeligen **Celler Schloss** begrenzt, das sich aus einem befestigten Wehrturm des 10. Jahrhunderts entwickelte. Die Säle und Räumlichkeiten spiegeln die verschiedenen Bauphasen des Schlosses sehr gut wider. In einem der Gebäudeflügel ist heute das **Residenzmuseum** untergebracht, das eine umfangreiche Ausstellung über die Geschichte der Welfen zeigt. Besonders beeindruckend ist vor allen Dingen auch die farbenfrohe Ausgestaltung der Schlosskapelle.

Ebenfalls sehenswert ist das Celler Schloss.

GEDENKSTÄTTEN

Bei der Fahrt durch **Eschede** gibt es nur wenig Grund für einen Zwischenstopp. Die kleine **Flohrmühle** aus dem 19. Jahrhundert könnte einer sein, ansonsten ist die Anzahl der Sehenswürdigkeiten im Ort überschaubar. Dennoch erlangte Eschede traurige Berühmtheit über die Landesgrenzen hinaus, als am 3. Juni 1998 beim ICE 884 mit dem Namen »Wilhelm Conrad Röntgen« ein Radreifen brach, der Zug entgleiste und gegen eine Brücke prallte. Während sich die Zugwagen in Zickzackform aufeinanderschoben, stürzte die Brücke auf den Zug. 101 Menschen kamen bei dem bisher größten Zugunglück in der Geschichte der Bundesrepublik ums Leben. Am Unfallort befindet sich eine **Gedenkstelle**, bestehend aus 101 Kirschbäumen und einer Gedenkwand mit den Namen der Opfer.

Eine Gedenkstätte ganz anderer Art kann man bei einem rund halbstündigen Abstecher auf den Landstraßen gen Westen erreichen. Dort befindet sich die Gemeinde Bergen mit dem Ortsteil **Belsen**, wo die Nationalsozialisten ein Konzentrationslager errichteten. Über 50 000 Menschen kamen hier ums Leben, viele andere wurden von hier aus zu den Vernichtungslagern deportiert. Zahlreiche Massengräber sowie ein

ROUTE 5

START- UND ENDPUNKT
Celle und Hamburg

STRECKEN
überwiegend Landstraßen und Bundesstraßen

STRECKENLÄNGE
ca. 230 km

FAHRZEIT
3 bis 4 Tage

BESTE JAHRESZEIT
ganzjährig

Start
Celle
Schloss, Altstadt
B191 – 16 km
Eschede
Gedenkstätte
31 km
Bergen-Belsen
Gedenkstätte
B191 – 67 km
Uelzen

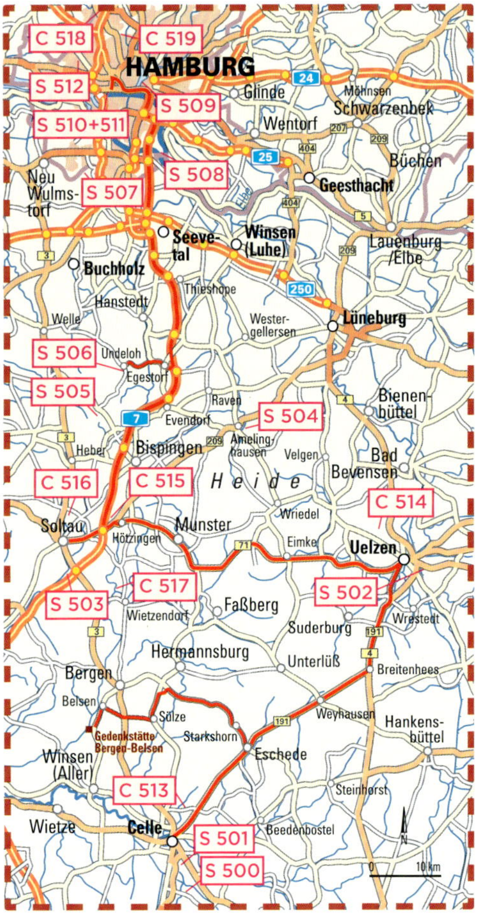

Uelzen
Innenstadt
Hundertwasser-Bahnhof
B71
56 km
Soltau
B71
Heidepark
A7
41 km
Undeloh

umfangreiches **Dokumentationszentrum** erinnern und informieren über die schreckliche Zeit. Das wohl bekannteste Opfer, das hier verstarb, war Anne Frank, die zuvor zwei Jahre lang in einem Amsterdamer Hinterhaus versteckt gehalten werden konnte.

JEDE MENGE FREIZEITSPASS

Zurück nach Eschede, wechseln wir wieder auf die B 191 und folgen ihr in nördliche Richtung bis in die nächstgrößere Stadt **Uelzen**. Der Ort glänzt mit einer sehenswerten **Altstadt**, die mit Fachwerkarchitektur und Backsteinhäusern zu beeindrucken weiß. Allerdings ist das Gebäudeensemble deutlich kleiner als das von Celle, darüber hinaus wird es immer wieder von moderneren Bauten unterbrochen. In Uelzen gibt es aber zudem ein ganz anderes Highlight, das zwar auch mit Architektur zu tun hat, man so aber nicht unbedingt erwartet. Der Bahnhof nämlich, etwas abseits der Altstadt, wurde im Zuge der Expo 2000 komplett umgebaut und erhielt die Handschrift des österreichischen Künstlers Friedensreich Hundertwasser.

Auf der B 71 fahren wir durch weite Wälder und durch Munster in Richtung **Soltau**. Die Innenstadt ist zwar in ihrer Größe überschaubar, bietet aber mit dem **Spielmuseum** und dem **Salzmuseum** interessante Schlechtwetter-Alternativen.

Bei schönem Wetter wagt man sich vermutlich lieber außerhalb Soltaus in den **Heidepark**, der zu den größten Freizeitparks in Deutschland zählt. Zahlreiche Fahrgeschäfte

SPECIAL

BAHNHOF VON UELZEN

Neben einem kunstvoll gestalteten Brunnen in der Fußgängerunterführung zu den Gleisen besticht das Bahnhofsgebäude mit farbenfrohen Türmchen, runden Formen und weiteren Elementen, die ganz im Stil Hundertwassers angebracht wurden. Der Künstler erlebte die Einweihung des Bahnhofs im November 2000 nicht mehr. Er verstarb an Bord der »Queen Elizabeth 2« vor der australischen Küste im Februar desselben Jahres im Alter von 71 Jahren.

↑ An das tragische ICE-Unglück erinnert der Gedenkpark. ↓ Der Bahnhof von Uelzen ist einzigartig in Deutschland.

Undeloh
Lüneburger Heide
Wilseder Berg
A7
53 km
Hamburg

wie Achterbahnen, Bobbahnen und Wildwasserfahrten sorgen dafür, dass die Reise entlang der Lüneburger Heide mit Adrenalin versetzt wird. Neben den rasanten Rides werden mehrmals täglich verschiedene Shows vorgeführt. Praktischerweise ist ein Campingplatz fußläufig in der Nähe, sodass man nach den wilden Fahrten im Park entspannt zum Wohnmobil zurückkehren kann. Für Wohnmobilisten dürfte nicht ganz uninteressant sein, dass der Heidepark selbst auch Übernachtungsmöglichkeiten anbietet, und zwar unter anderem im sogenannten Bulli-Camp. Hier kann man zwar nicht in seinem eigenen Gefährt nächtigen, aber eine Nacht in einem klassischen, historischen VW-Camper verbringen.

Auch das nahe gelegene **Bispingen**, auf der anderen Seite der A 7, lockt mit verschiedenen Freizeiteinrichtungen. Da wäre zum Beispiel das Erlebnisbad **Aqua Mundo**, das sich zwar im Ferienpark Center Parcs befindet, aber auch Tagesgäste empfängt. Statt zu schwimmen und die Wasserrutschen zu probieren, kann man im **Snow Dome Bispingen** wiederum auf Skiern durch die Skihalle hinabgleiten, während gleich nebenan im **Motodrom** die Möglichkeit besteht, durch die Go-Kart-Halle zu rasen.

AUSFLUG

AUF DEN WILSEDER BERG

Eine kurze und ausgeschilderte Wanderung von etwa 20 Minuten führt ab dem kleinen Heidedorf Wilsede gen Nordwesten auf den Wilseder Berg. Der mit 169 Metern höchste Gipfel der Lüneburger Heide verspricht weitere tolle Rundumblicke über die weite, atemberaubende Heidelandschaft.

VON WANDERTOUREN UND KUTSCHFAHRTEN

Doch die eigentliche Attraktion in der Region ist natürlich die Lüneburger Heide, die

Die Lüneburger Heide lässt sich auch mit der Kutsche erkunden.

↑ Höchster Punkt der Lüneburger Heide

↗ In die Wanderschuhe und ab in die Heide

deutlich ruhiger und entspannter daherkommt. Zahlreiche Wanderwege führen ab dem kleinen **Undeloh** mit seinem **Heide-Erlebnis-Zentrum** in das Zentrum der Heidelandschaft. Dabei kommt man unter anderem am Picknickplatz mit der Bezeichnung »Hannibals Grab« vorbei, der den Wanderer bei der Ankunft vermutlich schmunzeln lassen wird. Gespoilert wird an dieser Stelle nicht. Außerdem erreicht man den Ort **Wilsede**, der nur aus ein paar Bauerngehöften besteht und komplett autofrei ist. Von hier liegt in südlicher Richtung die Talsenke namens **Totengrund**, die abermals einen tollen Anblick der Lüneburger Heide ermöglicht. Das gilt natürlich besonders im Spätsommer, wenn die Heide in voller, farbenprächtiger Blüte steht.

Anstatt selbst zu wandern, kann man sich in den umliegenden Orten wie zum Beispiel Undeloh auch dazu entschließen, bei einer Kutschfahrt die malerische Kulisse der Lüneburger Heide zu genießen.

Die Lüneburger Heide liegt natürlich im Einzugsbereich der Millionenstadt Hamburg. Obwohl die Hansestadt ein eigenes Bundesland bildet und nicht zu Niedersachsen gehört, ist der Besuch Hamburgs für uns ein schöner Abschluss dieser Route. Auch wenn man über Hamburg komplette Bücher füllen kann, wollen wir uns an dieser Stelle kurz halten.

HAMBURG – METROPOLE IM NORDEN

In der Hansestadt gibt es mehrere Wohnmobilstellplätze, die natürlich alle ihre Vor- und Nachteile besitzen und am Ende der Etappe ausführlich beschrieben werden. Die Stadt Hamburg zu beschreiben würde den Rahmen dieses Buchs sprengen. Schon allein die Überlegung, wo man einen Stadtrundgang starten möchte, ist nicht ganz einfach und hängt natürlich auch davon ab, wo man das Wohnmobil abgestellt hat.

Fest steht jedoch, dass man sich bei dem Besuch überwiegend nördlich der Elbe aufhalten wird. Denn am südlichen Ufer erstrecken sich die zahlreichen Becken, Kräne und Anlagen des **Hamburger Hafens**. Der größte Seehafen Deutschlands sorgte dafür, dass die Stadt Hamburg als das Tor zur Welt bezeichnet wurde. Seine Geschichte beginnt im Jahr 1189 mit einem ersten Anlandeplatz auf dem Gebiet der heutigen Altstadt. Im Laufe der Zeit wuchs der Hafen zur heutigen Größe an und wanderte dabei zum Ufer der Elbe.

Hamburg ist auch vom Schiff aus gesehen ein wunderbares Erlebnis.

Verschiedene Ausflugsschiffe legen am nördlichen Elbufer ab und laden zu Hafenrundfahrten ein, bei denen man den großen Container- und Kreuzfahrtschiffen sehr nahe kommt. Alternativ kann man eine der sieben Fährlinien nutzen, die verschiedene Punkte im Hafen miteinander verbinden. Diese werden überwiegend von den Beschäftigten im Hafen genutzt, sind aber auch für Touristen zugänglich, da sie zum öffentlichen Personennahverkehr gehören.

Die wohl berühmtesten Anlegestellen sind die **Landungsbrücken** in St. Pauli. Entstanden ist dieser Hamburger Verkehrsknotenpunkt Mitte des 19. Jahrhunderts. Die Landungsbrücken bestehen aus Pontonbrücken, die am Elbufer festgemacht sind. Charakteristisches Merkmal ist das aus Tuffstein errichtete Abfertigungsgebäude aus den Anfängen des letzten Jahrhunderts. Das rund 200 Meter lange Gebäude wird im Osten vom Pegelturm und im Westen vom Zugang zum **Alten Elbtunnel** begrenzt. Dieser bietet wiederum eine ganz besondere Möglichkeit, die Elbufer zu wechseln. Er besteht aus zwei Tunnelröhren, die man mittels Treppe oder Fahrstuhl erreichen kann. Der im Jahr 1911 eröffnete Tunnel ist über 400 Meter lang und wird überwiegend von Fußgängern und Radfahrern genutzt. Es besteht aber auch die Möglichkeit, den Tunnel mit einem Pkw zu durchqueren. Die Fahrzeuge werden ebenfalls mittels Fahrstuhl in die Tiefe befördert und können dann, im Gegensatz zu Fußgängern und Radfahrern, kostenpflichtig von einem Elbufer zum anderen fahren.

EINKAUFEN AUF DEM FISCHMARKT

Entlang der Hafenstraße erreicht man von den Landungsbrücken aus schon bald den legendären **Hamburger Fischmarkt**. Dieser ist schon lange ein beliebtes Touristenziel, wofür man allerdings an einem Sonntag sehr früh aufstehen muss. Traditionell kann man hier den Marktschreiern ab 5 Uhr in der Frühe zuschauen bzw. zuhören und anschließend seinen Vorrat im Wohnmobil unter anderem mit Fisch und Obst auffüllen. Sowohl vom Fischmarkt bzw. der Fischauktionshalle als auch von den Landungsbrücken kann man zu Fuß innerhalb weniger Minuten die berühmte **Reeperbahn** erreichen. Sie verläuft rund 400 Meter weiter nördlich der Elbe beinahe parallel zum Elbufer und ist vermutlich die berühmteste Straße der Stadt. Die viel besungene Straße gilt als Vergnügungsmeile und als das Herzstück im Hamburger Stadtteil **St. Pauli**. Sie wird gesäumt von zahlreichen Nachtclubs, Restaurants und Diskotheken und lockt Amüsierwillige aus der ganzen Welt an. Das gilt auch für die zahlreichen abzweigenden Straßen, die ebenfalls große Namen besitzen und weit über die Stadt hinaus bekannt sind. So zum Beispiel der **Hans-Albers-Platz**, wo sich eine Skulptur befindet, die an den Namensgeber und Volksschauspieler Hans Albers erinnert.

UNTERWEGS IN ST. PAULI

Hamburg
Stadtzentrum
St. Pauli
Speicherstadt
Hafen
Hasselbrack

Im Norden des Stadtteils befindet sich das **Millerntor-Stadion**, in dem die Fußballer des FC St. Pauli ihre Heimspiele austragen. Beim namensgebenden Millerntor handelte es sich um das westlichste Stadttor Hamburgs, das die Hansestadt von der sogenannten Vorstadt St. Pauli trennte. Folgt man also der Reeperbahn in östliche Richtung zum **Millerntorplatz**, lässt man St. Pauli hinter sich. Wenig später erhebt sich auf der rechten Seite ein weiteres Wahrzeichen Hamburgs, die St.-Michaelis-Kirche, kurz **Hamburger Michel** genannt. Der über 130 Meter hohe Turm der barocken Kirche ist weithin sichtbar und somit auch für die Schiffer auf der Elbe eine bekannte Landmarke.
Mitte des 17. Jahrhunderts entstand hier die erste St.-Michaelis-Kirche, die nach nur einem Jahrhundert von einem Blitz getroffen wurde. Bei dem darauffolgenden Brand

Die Landungsbrücken von St. Pauli sind oft ein beliebtes Ziel.

↑ Mit dem Boot durch die Speicherstadt
↓ Zu Besuch am Hamburger Rathaus

stürzte der Kirchturm auf das Kirchenschiff. Ein Jahr später begann der Wiederaufbau. Das Gotteshaus stand dieses Mal eineinhalb Jahrhunderte, bevor auch dieses niederbrannte. Das jetzige Bauwerk wurde im Jahr 1912 fertiggestellt. Der Turm der Kirche kann bestiegen werden, er ermöglicht eine tolle Aussicht über weite Teile Hamburgs und den Hafen.
Zu den jüngsten Wahrzeichen der Hansestadt gehört die **Elbphilharmonie**. Fast ein Jahrzehnt dauerte die Bauzeit und damit deutlich länger als ursprünglich geplant, doch im Januar 2017 konnte das Konzerthaus feierlich eingeweiht werden. Mit ihrer Konstruktion, die überwiegend aus einer Glasfassade besteht und sich als eine Welle im Hamburger Hafen zeigt, hat es die Elbphilharmonie von Beginn an geschafft, eine weitere Landmarke Hamburgs zu sein. Im Inneren des modernen Gebäudes gibt es drei Säle mit 170, 500 und 2100 Sitzplätzen, doch Teile der Philharmonie kann man auch ohne Ticket betreten. Über eine bogenförmige Rolltreppe gelangt man zur sogenannten **Plaza** und kann auf dieser Außenplattform einen Rundgang mit Blick auf die Hamburger Hafenanlagen genießen.

HISTORISCHE SPEICHERSTADT

Gleich hinter der Elbphilharmonie erstrecken sich die Becken innerhalb der Speicherstadt. Sie entstanden ab den 1880er-Jahren und dienten den Hamburger Kaufleuten, um Importgüter zollfrei zu lagern. Heute haben sich hier mittlerweile andere Unternehmen und Museen angesiedelt und machen die Speicherstadt zu einem besuchenswerten Viertel für Touristen. Nicht zuletzt, weil das gesamte Gebäudeensemble zusammen mit dem **Kontorhausviertel** und dem **Chilehaus** seit 2015 auf der Weltkulturerbeliste der UNESCO vertreten ist.

Der Hamburger Michel kann bestiegen werden.

Zu den Sehenswürdigkeiten allein in der Speicherstadt zählen unter anderem das **Zollmuseum**, das **Speicherstadtmuseum**, ein Gewürzmuseum und das bei Klein und Groß beliebte **Miniatur Wunderland**.
17 Millionen Besucher haben seit der Eröffnung dabei zugesehen, wie Fahrzeuge und Züge durch eine liebevoll gestaltete Miniaturkulisse fahren. Rund um den fiktiven Ort Knuffingen reisen die Züge an weltweit bekannten Sehenswürdigkeiten vorbei, durchqueren die Alpen und erreichen auch Skandinavien. Die hochtechnisierte Anlage zeigt zudem einen Flughafen und simuliert jede Viertelstunde Tag und Nacht. So erlebt man die zahlreichen Elemente auch beleuchtet in der Dunkelheit. Die Landschaften werden ständig erweitert und es gibt so viele

Kunst findet man in der Hansestadt allerorten.

Auch direkt am Jungfernstieg an der Alster

AUSFLUG

DER HÖCHSTE PUNKT HAMBURGS

Im Südwesten Hamburgs lässt sich wunderbar in den Wäldern wandern. Dabei erreicht man den höchsten natürlichen Punkt von Hamburg. Der Hasselbrack liegt mit seinen 116 Metern zwar niedriger als der Hamburger Michel, bietet dafür aber direkt an der Grenze zu Niedersachsen eine ruhige Lage in der Natur. Ein Granitblock verrät mit seiner Aufschrift, dass man den Gipfel von Hamburg erreicht hat. In der Vergangenheit stand hier sogar ein Gipfelkreuz, das jedoch durch den Findling ersetzt wurde.

humorvolle und niedliche Details, dass man sie gar nicht alle bei einem einzigen Besuch erkennen kann. Auch die benachbarte Elbphilharmonie ist bereits als Modell in der Miniaturwelt zu besichtigen.

Zu guter Letzt lohnt natürlich ein Besuch der eigentlichen Hamburger Innenstadt. Diese erreicht man wiederum nach Norden hin, wo sich zwischen **Binnenalster** und Speicherstadt das sehenswerte **Hamburger Rathaus** befindet. Es wurde Ende des 19. Jahrhunderts erbaut und präsentiert sich seither im Stil der Neorenaissance. Mit 112 Metern ist der Rathausturm ähnlich hoch wie die Elbphilharmonie und reicht fast an die Höhe des Hamburger Michels heran. Sehenswert sind an der Fassade unter anderem die Figuren, die der Tiroler Bildhauer Aloys Denoth geschaffen hat. Sie stellen handwerkliche und kaufmännische Berufe dar. Außerdem findet man zwischen den Fensternischen 20 verschiedene Könige und Kaiser des Deutschen Reichs, die als Bronzefiguren auf den Rathausplatz blicken. Weitere Skulpturen befinden sich in den Fensternischen im Innenhof und zeigen Bischöfe und Grafen und nicht zuletzt entdeckt man Heiligenfiguren auf dem Rathausdach.

↑ Genug Auswahl für eine Fahrt durch den Hamburger Hafen ↓ Einkehren mit Blick auf das Hamburger Rathaus

PRAKTISCHE HINWEISE

TOURISTINFORMATIONEN

Tourist Information Celle
Markt 14–16, 29221 Celle,
Tel. 05141/70 95 11 95,
celle-tourismus.de

Stadt- und Touristinfo Uelzen
Herzogenplatz 2,
29525 Uelzen,
Tel. 0581/800 61 72, uelzen.de

Lüneburger Heide GmbH
Wallstr. 4, 21335 Lüneburg,
Tel. 04131/309 39 60,
lueneburger-heide.de

Touristinformation Undeloh
Zur Dorfeiche 10,
21274 Undeloh,
Tel. 04189/333, undeloh.de

Touristinformation im Hauptbahnhof
Hauptbahnhof (Haupteingang Kirchenallee),
20355 Hamburg,
Tel. 040/30 05 17 01,
hamburg-tourism.de

STELLPLÄTZE

S 500 **Wohnmobilstellplatz Nienhagen** (S. 189 E4)
Dorfstr. 41, 29336 Nienhagen
GPS: 52.556787, 10.107280
Kleiner, einfacher Stellplatz der Gemeinde. Vier Plätze auf Schotter, einer extra für Wohnmobilisten mit körperlichen Einschränkungen. Gleich neben einem gepflegten Sinnes- und Bewegungsgarten im Ortszentrum gelegen.

S 501 **Wohnmobilstellplatz Celle** (S. 189 E4)
77er Str. 36, 29221 Celle,
Tel. 05141/951 93 88,
womo-celle.de
GPS: 52.617417, 10.083139
Beliebter Stellplatz neben einem Frei- und Hallenbad. Gepflegte Anlage auf Pflasterstein mit Sanitär, Strom und WLAN. Gasflaschentausch, Brötchenservice und ausschließlich bargeldlose Bezahlung.

S 502 **Wohnmobilstellplatz am Jachthafen Uelzen**
(S. 189 G2)
Riedweg, 29525 Uelzen
GPS: 52.957810, 10.593756
Weit außerhalb von Uelzen gelegener, aber dadurch ruhiger Stellplatz an einer Marina am Elbe-Seitenkanal. Mit dem Fahrrad kann man die Innenstadt von Uelzen gut erreichen. Strom sowie Ver- und Entsorgung und Sanitär vorhanden.

↓ Ausweichplätze vor dem Stellplatz in Celle
↙ Ein Sanitärhäuschen muss man nicht missen.

Moderne Gestaltung – Stellplatz in Celle

Immer gut besucht ist der Platz in Celle.

S 503 **Wohnmobilstellplatz Soltau** (S. 189 E2)
Imbrock 4, 29614 Soltau,
Tel. 05191/52 02,
camping-freizeithof-imbrock.de
GPS: 52.948858, 9.850213
Der Stellplatz liegt am Waldrand in ruhiger Lage und gehört zum Campingplatz Imbrock. Die Ver- und Entsorgungsstation sowie die Sanitäranlagen des Campingplatzes können genutzt werden.

S 504 **Wohnmobilstellplatz am Waldbad** (S. 183 G6)
Zum Lopautal 30,
21385 Amelinghausen
GPS: 53.124019, 10.231436
Ruhige Waldrandlage gegenüber von einem Freibad. Großzügige Parzellen, Strom und morgens kommt der Bäckerwagen.

S 505 **Wohnmobilstellplatz Bispingen** (S. 183 F6)
Oberhaverbeck,
29646 Bispingen
GPS: 53.142528, 9.918486
Die letzten vier Reihen eines Wanderparkplatzes dürfen kostenpflichtig genutzt werden. Der Parkplatz ist naturbelassen, daher braucht man hin und wieder Keile. Ruhiges Übernachten unter dichten Baumkronen direkt an den Wanderwegen in die Heidelandschaft. Ver- und Entsorgungsstation sowie Strom vorhanden.

S 506 **Wohnmobilstellplatz Undeloh** (S. 183 F6)
Wilseder Str. 23,
21274 Undeloh
GPS: 53.193370, 9.976157
Auf dem Parkplatz an einem kleinen Imbissstand darf man eine Nacht kostenpflichtig stehen. Idealer Ausgangspunkt für eine Wanderung zum Wilseder Berg oder für eine Kutschfahrt nach Wilsede.

S 507 **Wildpark Camping** (S. 183 F4)
Am Wildpark 1,
21224 Rosengarten,

Entweder im Grünen oder mit Elbblick ...

... der Elbepark Bunthaus hat gleich mehrere Areale.

Zentral kann man in Hamburg auch nächtigen.

Tel. 040/81 97 74 70, wildpark-camping.de
GPS: 53.442201, 9.890392
Neben dem Wildpark Schwarze Berge gelegener Stellplatz für über 70 Wohnmobile mit Ver- und Entsorgung, Strom und Sanitärbereich. Nur von April bis Oktober geöffnet und dann auch nur von Mo–Sa, weil der Platz an Sonntagen als Parkplatz für den Wildpark dient. Ausnahme sind die Sommerferien, in denen der Platz auch sonntags genutzt werden kann.

S 508 **Wohnmobilstellplatz Elbepark Bunthaus** (S. 183 F4)
Moorwerder Hauptdeich 33, 21109 Hamburg,
Tel. 040/18 04 72 15, elbepark-bunthaus.de
GPS: 53.460837, 10.063466
Ruhiger Stellplatz direkt an der Elbe, wo sich der Fluss in Süderelbe und Norderelbe aufteilt. Außerhalb der Stadt gelegen, aber mit dem Bus und der S-Bahn ist man in rund einer halben Stunde am Hauptbahnhof oder an den Landungsbrücken. Die große Anzahl von Stellplätzen verteilt sich auf mehrere Bereiche innerhalb des Areals, die sich sowohl im Innenhof der Anlage als auch direkt am Elbufer befinden.

S 509 **Wohnmobilhafen Hamburg** (S. 183 F3)
Grüner Deich 8 (Einfahrt über Süderstraße), 20097 Hamburg,
Tel. 040/796 13 31 30, wohnmobilhafen-hamburg.de
GPS: 53.543448, 10.026535
Rund zwei Kilometer von der Speicherstadt und etwas weniger als zwei Kilometer vom Hauptbahnhof entfernt. Jedoch gewöhnungsbedürftig, da oberhalb des Platzes eine Eisenbahnbrücke verläuft, außerdem ist der Platz von Geschäftshäusern umgeben, eine schöne Aussicht oder ruhige Lage existieren daher nicht. Videoüberwacht, Strom (nur 6A), Ver- und Entsorgung vorhanden.

S 510 **Wohnmobilstellplatz Strand Pauli** (S. 183 F4)
St. Pauli Hafenstr. 89, 20359 Hamburg
GPS: 53.545963, 9.960680
Nur der Vollständigkeit halber aufgeführt. Hier hat man die Möglichkeit, direkt im Zentrum mit Blick auf die Elbe und den gegenüberliegenden Hafen zu übernachten. Man steht allerdings direkt an der Hafenstraße in St. Pauli, was auch nächtliche Ruhestörungen mit sich bringen kann. Keine Ausstattung.

S 511 **Wohnmobilstellplatz Fischmarkt** (S. 183 F4)
Große Elbstr. 9, 22767 Hamburg
GPS: 53.545041, 9.953198
Auch hier steht man mitten im Geschehen, und zwar direkt neben der Fischauktionshalle. Daher kann es in der Nacht unruhig werden. Außerdem muss der Parkplatz wegen des Fischmarkts am Samstagabend geräumt werden und ist erst wieder am Montagmorgen befahrbar. Keine Ausstattung.

S 512 **Wohnmobilstellplatz Heiligengeistfeld** (S. 183 F3)
Feldstraße, 20357 Hamburg
GPS: 53.555690, 9.973130
Ebenfalls nur der Vollständig-

keit halber und wenig empfehlenswert. Kostenintensiver Platz unter Bäumen auf dem Veranstaltungsgelände des Hamburger DOM mitten in St. Pauli. Vor, während und kurz nach der Großveranstaltung, die im Frühjahr, Sommer und Winter stattfindet, ist die Benutzung nicht möglich. Strom wird angeboten, aber die Lage ist wenig attraktiv.

CAMPINGPLÄTZE

C 513 **Camping-Park 7 springs** (S. 189 E5)
Zum Silbersee 19, 29229 Celle,
Tel. 05141/312 23,
campingpark-silbersee.de
GPS: 52.659251, 10.109998
Rund 50 Stellflächen an einem kleinen, von Wald umgebenen See.

C 514 **Uhlenköper-Camp** (S. 189 G1)
Festplatzweg 11,
29525 Uelzen,
Tel. 0581/730 44,
uhlenkoeper-camp.de
GPS: 53.000073, 10.515493
Naturfreundlicher Campingplatz, dessen Campingareale verschiedene Eulennamen tragen. Freundlich, liebevoll und engagiert angelegt.

C 515 **Naturcamping Lüneburger Heide** (S. 189 E1)
An der B 25, 29614 Soltau,
Tel. 05191/623 22 01,
naturcamping-lh.de
GPS: 53.003884, 9.939165
Ausschließlich von Wald umgeben.

Nur wenige Meter vom Womo zum Minigolfplatz in Celle

C 516 **Campingplatz Auf dem Simpel** (S. 189 E1)
Auf dem Simpel 1,
29614 Soltau, Tel. 05191/36 51,
auf-dem-simpel.de
GPS: 53.024445, 9.859600
Gute Ausgangslage für einen Besuch im Heidepark Soltau. Restaurant auf dem Platz.

C 517 **Südsee-Camp** (S. 189 E2)
Südsee-Camp 1,
29649 Wietzendorf,
Tel. 05196/98 01 16,
suedsee-camp.de
GPS: 52.932582, 9.971154
Große Campinganlage mit Stellplatz, Hochseilgarten, Badesee mit Strand, Restaurant, Strandbar und sogar einer kleinen Arena für verschiedene Veranstaltungen.

C 518 **Knaus-Campingpark Hamburg** (S. 183 F3)
Wunderbrunnen 2,
22457 Hamburg,
Tel. 040/559 42 25,
knauscamp.de
GPS: 53.650577, 9.928878
Abseits gelegener Campingplatz im Norden von Hamburg, direkt neben der A 7.

C 519 **Camping Buchholz** (S. 183 F3)
Kieler Str. 374,
22525 Hamburg,
Tel. 040/540 45 32,
camping-buchholz.de
GPS: 53.590052, 9.930870
Kleiner und enger Campingplatz mitten in einem Wohngebiet von Hamburg-Stellingen. Gute Lage, um mit dem ÖPNV oder dem Fahrrad in das Zentrum zu gelangen.

Auch bei schlechtem Wetter ist Lauenburg einen Besuch wert.

6

DURCH DIE ELBTALAUE

Von Hohnstorf nach Gorleben

Die Niedersächsische Elbtalaue erstreckt sich fast bis vor die Tore Hamburgs und so können wir gut an die vorige Tour anknüpfen. Erster Anziehungspunkt ist Hohnstorf, wo wir dem malerischen Lauenburg auf der anderen Elbseite einen Besuch abstatten. Eine Stippvisite führt uns nach Lüneburg, das zu Recht »Rothenburg des Nordens« heißt. Im Anschluss erkunden wir das Wendland, einst Grenzland zur ehemaligen DDR, das viel Natur und Erholung bietet.

Das malerische **Lauenburg** befindet sich zwar rechtselbisch im Bundesland Schleswig-Holstein, aber da wir vom Wohnmobilstellplatz in Hohnstorf nur einen kurzen Weg über die Elbbrücke machen müssen und dabei einen tollen Blick auf die kleine Skyline des Ortes haben, sollten wir uns einfach mal durch das lang gestreckte Zentrum von Lauenburg und auch am Elbufer durchprobieren – im wahrsten Sinne des Wortes. Denn hier gibt es allerlei Abwechslung in Sachen Kulinarik. Das Café Petticoat lockt beispielsweise mit einem stylishen Ambiente der 1950er-Jahre, mitunter mit Livemusik. Im »Schleck-Eis« wird die Eiscreme selbst hergestellt und auch schmackhafte Milchshakes sind im Angebot. Gleich gegenüber sitzt man auf einer Außenterrasse und genießt seinen Kaffee von Herzen. Daher heißt das Café auch so: Von Herzen. Herzhafter geht es direkt am Elbufer zu, wo das Rufers Restaurant, das Gasthaus Zum alten Schifferhaus und Lili's Altstadtimbiss mit einer großen Auswahl an Leckereien um Gäste buhlen.

ROUTE 6

START- UND ENDPUNKT
Hohnstorf (Elbe) und Schnackenburg

STRECKEN
überwiegend Landstraßen und Bundesstraßen

STRECKENLÄNGE
ca. 170 km

FAHRZEIT
2 bis 3 Tage

BESTE JAHRESZEIT
ganzjährig

Start
Hohnstorf
Elbe
Lauenburg
19 km
Lüneburg

Für Lüneburg sollte man viel Zeit mitbringen.

Hohnstorf selbst ist ein ehemaliges Fischerdorf und besticht durch seine Lage direkt an der Elbe sowie eine schöne Deichpromenade. Darüber hinaus locken zahlreiche Radwege, auf denen die Umgebung erkundet werden kann.
Über die Orte Echem und Scharnebeck fahren wir auf Landstraßen gemütlich nach Lüneburg, um diese mittelalterliche Stadt zu besichtigen. Wer etwas schneller zum Ziel gelangen will, wählt die Route über Artlenburg auf der B 209.

ALTSTADTFLAIR IN LÜNEBURG

Lüneburg zeigt sich mit einem charmanten Stadtbild, das einen Mix aus norddeutscher Backsteinarchitektur und malerischen Fachwerkhäusern bildet. Wer hier den Wohnmobilstellplatz am westlichen Altstadtrand angesteuert und erfolgreich eine freie Stellfläche ergattert hat, wird seinen Aufenthalt sicherlich unplanmäßig verlängern. Denn in dem kleinen Städtchen gibt es jede Menge zu entdecken. Man spaziert vom Stellplatz nur wenige Minuten, um kurz darauf in die

Lüneburg
Altstadt
B216
43 km
Amt Neuhaus
Elbtal
24 km
Hitzacker

Altstadt einzutauchen, die vom Zweiten Weltkrieg weitgehend verschont blieb und sich den Beinamen Rothenburg des Nordens verdient hat.
In den Gassen und Straßen kann man sich stundenlang aufhalten, von Schaufenster zu Schaufenster bummeln oder in einer der zahlreichen Einkehrmöglichkeiten haltmachen. Dazu bietet sich zum Beispiel der lang gestreckte kopfsteingepflasterte **Platz am Sande** an, an dessen Ende sich die **St.-Johannis-Kirche** im Stil der Backsteingotik erhebt. Der etwas weiter nördlich gelegene Marktplatz kommt zwar mit etwas weniger Gastronomie aus, präsentiert sich aber mit einem prunkvollen **Rathausgebäude** aus dem 13. Jahrhundert. Auffällig sind an der Fassade die zehn Figuren, die mit Gold geschmücktes Zubehör tragen.
Zu den beliebtesten Highlights der Stadt zählt der alte **Hafen** am östlichen Altstadtrand. Hier speist man auf einer der Terrassen direkt am Wasser und blickt dabei auf den **Alten Kran**, der Ende des 18. Jahrhunderts erbaut wurde und heute als Wahrzeichen Lüneburgs gilt. Gegenüber dem Kran, neben der Terrasse, reihen sich weitere Fachwerkhäuser aneinander, die zum Teil über das Wasser des Hafens hinausragen und wieder ein stimmungsvolles Bild liefern.
Auf der B 216 verlassen wir Lüneburg in östliche Richtung und nähern uns dem Wendland. Die Fahrt durch die Landschaft südlich der Elbe genießen wir in vollen Zügen.

KULTUR

LÜNEBURGS MUSEEN

Lüneburg bietet genug Gelegenheit, auch Schlechtwettertage mit Genuss zu überstehen. Das Deutsche Salzmuseum informiert über die 1000-jährige Geschichte des hiesigen Salzabbaus und über das im Ort vorhandene Senkungsgebiet über dem Salzstock. Darüber hinaus gibt es das Ostpreußische Landesmuseum und das Brauereimuseum zu besichtigen, um nur zwei weitere Beispiele zu nennen.

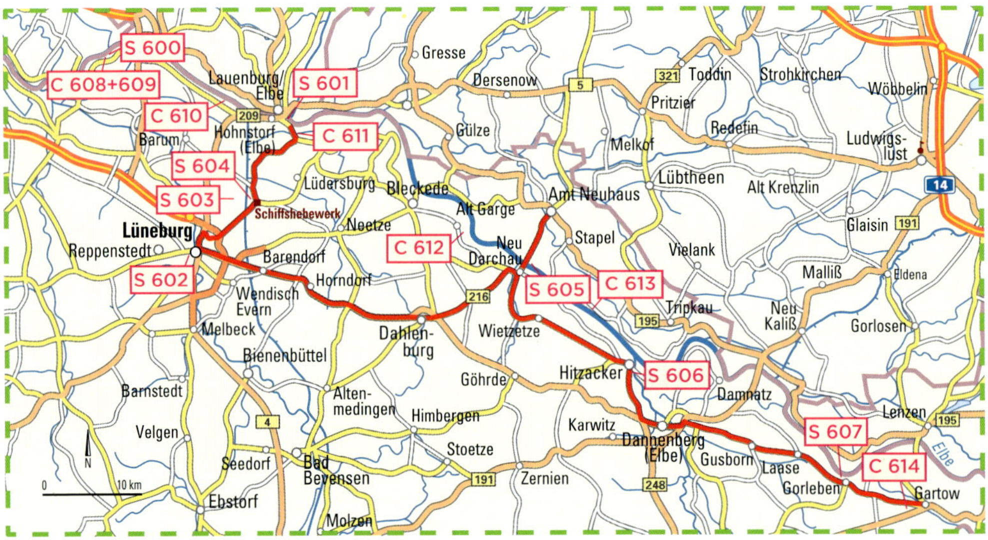

Wunderschöne Altstadt von Lüneburg

IM NATURIDYLL WENDLAND

Niemand hatte die Absicht, eine Mauer zu errichten. Und dann war sie doch da. Mit ihr folgte die jahrzehntelange Teilung Deutschlands in Ost und West. Diese ist Geschichte, zum Glück. Und dennoch findet man Relikte der ehemaligen DDR, wie den einstigen **Grenzturm bei Darchau** oder den **Campingplatz Bankerhof**, der auf dem Gelände einer ehemaligen Landwirtschaftlichen Produktionsgenossenschaft des Arbeiter- und Bauernstaates untergebracht ist, auf niedersächsischem Boden. Im Jahr 1993 nämlich, also drei Jahre nach der deutschen Einheit, wurde das Gebiet von Mecklenburg-Vorpommern an Niedersachsen im Rahmen eines Staatsvertrags übergeben und seitdem liegen der einstige Betrieb und die Orte rundum in der niedersächsischen Gemeinde Amt Neuhaus. Ob Ost oder West, Mecklenburg oder Niedersachsen – das Areal des einstigen Bauernhofs am rechten Elbufer ist an Ruhe und Idylle kaum zu überbieten. Die neuen Besitzer des Hofs schufen in malerischer Naturlage innerhalb der **Niedersächsischen Elbtalaue** einen kleinen, aber feinen Campingplatz, der sich perfekt anbietet, die wunderbare Natur ringsum zu erleben.

SPECIAL

NIEDERSÄCHSISCHE ELBTALAUE

Die Niedersächsische Elbtalaue ist als Biosphärenreservat von der UNESCO anerkannt. Das rund 57 Hektar umfassende Gebiet entlang der Elbe zwischen Schnackenburg und Hohnstorf besteht aus alten Flussarmen und Auwäldern, die etwa 250 Vogelarten als Heimstätte dienen. Während man mit etwas Glück Seeadler am blauen Himmel kreisen sieht und Störche durch die abgeernteten Felder staksen, schaffen sich Biber ein hölzernes Refugium in den Gewässern der Umgebung.

Unterwegs genießt man Aussichtspunkte auf die Elbe.

Auch der Ort **Hitzacker** liegt an der Elbe, allerdings auf der anderen Uferseite. Der Ort ist ähnlich schön wie Lüneburg, nur auf eine viel kleinere Art und Weise. Die Altstadt besteht nur aus wenigen Gassen bzw. Straßen, zeigt sich aber ebenfalls mit sehenswerter **Fachwerkarchitektur** und ist darüber hinaus malerisch vom Wasser des Flusses Jeetzel umgeben, der nur wenige Meter entfernt an der Personenfähre in die Elbe mündet. Idealerweise liegt der Wohnmobilstellplatz nah am Altstadtrand, sodass man das städtische Kleinod bequem besichtigen kann.

Erwähnenswert sind die **vierzig Zwerge**, die im gesamten Stadtgebiet verteilt sind. Die aus Bronze geschaffenen Skulpturen tragen alle einen Namen und haben etwas gemein mit dem jeweiligen Gebäude, vor dem sie aufgestellt wurden. So schlendert man zum Beispiel am Zahnarztzwerg vorbei zum Fahrradzwerg oder man besucht den Schifferzwerg, der am Schiffermast salutiert. Auch vor so manchem Privathaus in den Wohnvierteln rund um die Altstadt fühlen sich die kleinen Gesellen wohl. Bei der Tourismusinformation erhält man einen Flyer, mit dem man auf **Zwergen-Rallye** gehen kann, um anschließend einen Preis zu gewinnen.

Hitzacker
Zwerge
Elbtal
29 km
Gorleben
Elbtal

Auf der anderen Seite des Stellplatzes breiten sich die **Elbwiesen** zwischen Jeetzel und der Elbe aus und laden ebenfalls zu langen Spaziergängen oder Radtouren ein. Wer der **Elbuferstraße** weiter flussabwärts folgt, sei es mit dem Wohnmobil oder mit dem Rad, wird nach kurzer Zeit eine Anhöhe erreichen, auf der man den dortigen Parkplatz anvisieren sollte. Nur wenige Schritte sind es von hier durch den Wald bis zum hölzernen **Aussichtsturm Kniepenberg**, der ein tolles Panorama über die Elblandschaft bis zu Amt Neuhaus ermöglicht.

RUND UM GORLEBEN

Fast am östlichen Ende Niedersachsens zeigt sich ein friedvolles Bild mit einer kleinen Gemeinde, die mit Sehenswürdigkeiten recht sparsam gesegnet ist. An den Ort grenzt das Biosphärenreservat Niedersächsische Elbtal-

↑ Eine kleine Altstadt bietet Hitzacker. ↓ Hitzacker liegt malerisch am Ufer der Elbe.

↑ Einer von 40 drolligen Zwergen im Stadtgebiet von Hitzacker
↓ Das Grenzlandmuseum informiert über die Zeit des Kalten Kriegs.

aue und man kann es sich in Deutschland kaum harmonischer vorstellen. Dennoch ist der Name des Ortes bundesweit bekannt und wird oft mit großen Polizeieinsätzen in Verbindung gebracht: **Gorleben**.
Ende des letzten Jahrhunderts entstand hier das heiß umstrittene Atommülllager, in dem radioaktive Castorbehälter deponiert werden. Vor ihrer Lagerung findet aber noch der Transport statt und dieser war in der Vergangenheit immer wieder ein großes Politikum mit Tausenden Demonstranten und ebenso vielen Polizeikräften, die teilweise sogar aus dem Ausland herbeigebeten wurden. Das Lager befindet sich im Waldgebiet südlich von Gorleben und ist natürlich nicht zugänglich. Nur wenige Hundert Meter von der Zufahrt zum Gelände entfernt, überrascht auf einer Wiese plötzlich ein Schiff. Die **Beluga** war einst ein Feuerlöschboot im Hamburger Hafen und wurde von Greenpeace für verschiedene Aktionen genutzt. Seit 2013 dient sie hier als Mahnmal gegen Atomkraft und gegen das Atommülllager. Weitere deutsche Geschichte erlebt man rund um Gorleben am **Elbufer**. Etwas weiter flussabwärts trifft man zum Beispiel auf das Dreiländereck der Bundesländer Niedersachsen, Brandenburg und Mecklenburg-Vorpommern. Nur eine kurze Fahrt flussaufwärts kann man bei **Schnackenburg** das Dreiländereck zwischen Niedersachsen, Brandenburg und Sachsen-Anhalt besuchen. Beide Punkte kommen allerdings ganz ohne Markierung aus und befinden sich jeweils in der Flussmitte, was wiederum daran erinnert, dass die Elbe Grenzfluss zwischen der BRD und der DDR war. Eine kleine Ausstellung am Hafen von Schnackenburg erinnert im **Grenzlandmuseum** an die Zeit, als die Elbe Teil des Eisernen Vorhangs war.

Aussichtsturm am Elbufer in Schnackenburg

PRAKTISCHE HINWEISE

TOURISTINFORMATIONEN

Tourismus Herzogtum Lauenburg
Elbstr. 59, 21481 Lauenburg/Elbe, Tel. 04153/590 92 20, lauenburg-tourismus.de

Tourist-Information Lüneburg
Am Markt, 21335 Lüneburg, Tel. 04131/207 66 20, lueneburg.info

Touristinfo Hitzacker
Am Markt 7, 29456 Hitzacker (Elbe), Tel. 05862/969 70, hitzacker.de

Tourismusbüro Wendland
Springstr. 14, 29471 Gartow, Tel. 05862/969 70, wendland-elbe.de

STELLPLÄTZE

S 600 **Wohnmobilpark Elbe** (S. 183 G4)
Stover Strand 10, 21423 Drage, Tel. 04177/430, camping-stover-strand.de
GPS: 53.424804, 10.292258
Stellplatz direkt am Ufer der Elbe und mit kleinem Strandabschnitt. Gehört zum nahe gelegenen Campingplatz Stover Strand.

S 601 **Wohnmobilstellplatz Hohnstorf** (S. 184 A2)
Schulstr. 1 a, 21522 Hohnstorf (Elbe)
GPS: 53.362846, 10.562317
Gut ein Dutzend Wohnmobile können von hier aus den Blick auf die Elbe genießen. Strom, WLAN sowie Ver- und Entsorgung vorhanden. Zu Fuß oder mit dem Fahrrad kommt man gut über die Elbe nach Schleswig-Holstein und dort nach Lauenburg.

S 602 **Wohnmobilstellplatz Sülzwiesen** (S. 183 H5)
Am Bargenturm, 21339 Lüneburg, Tel. 04131/309 80 99, lueneparken.de
GPS: 53.245467, 10.397328
Gleich neben dem Festplatz und dem dazugehörigen Großparkplatz. Für knapp 30 Fahrzeuge auf Rasengittersteinen, leider wird hier häufiger mal quer geparkt. Stark frequentiert, auch wegen der Lage nahe der Lüneburger Altstadt. Ver- und Entsorgung sowie Strom vorhanden.

S 603 **Wohnmobilstellplatz Adendorf** (S. 184 A3)
Scharnebecker Weg, 21365 Adendorf, lueneparken.de
GPS: 53.288426, 10.456209
Gute Alternative zum meist vollen Stellplatz in Lüneburg. Ver- und Entsorgung vorhanden.

S 604 **Wohnmobilstellplatz Scharnebeck** (S. 183 H2)
Hülsenberg 12, 21379 Scharnebeck
GPS: 53.292417, 10.493766
Nur wenige Meter neben einem Restaurant, einem Kletterwald und dem Schiffshebe-

Lüneburgs Stellplatz ist stets beliebt.

Zentrale Übernachtung in Lüneburg

An der Elbe bei Lauenburg

werk Lüneburg-Scharnebeck. Ver- und Entsorgung sowie Strom wird geboten, sonst einfacher Parkplatz.

S 605 **Wohnmobilstellplatz Amt Neuhaus** (S. 184 B3)
Hauptstr. (neben dem Schiffsanleger), 19273 Amt Neuhaus
GPS: 53.235817, 10.894545
Direkt an der Elbe darf man neben dem Fähranleger übernachten. Der nahe gelegene ehemalige und leider nicht gepflegte Wachturm zeigt deutlich, dass man sich hier auf dem Gebiet der ehemaligen DDR befindet. Heute handelt es sich um einen Teil Niedersachsens.

S 606 **Wohnmobilstellplatz Hitzacker** (S. 184 C4)
Bleichwiese,
29456 Hitzacker (Elbe)
GPS: 53.149221, 11.050925
Einfacher Stellplatz am Rande eines Großparkplatzes direkt an der Altstadt. Ver- und Entsorgung sowie Strom vorhanden, ein öffentliches WC in fußläufiger Entfernung.

S 607 **Wohnmobilstellplatz Gorleben** (S. 184 D4)
Ringstr. 7–9, 29475 Gorleben
GPS: 53.049792, 11.351314
Kleiner, einfacher Stellplatz am Jachthafen und in ruhiger Ortsrandlage. Nur für vier Fahrzeuge und Ver- und Entsorgung nur von April bis Oktober. Dafür schöner Blick aufs Wasser.

Der Stellplatz in Hitzacker liegt direkt neben der Altstadt.

↑ Auch Campingplätze gibt es direkt an der Elbe. ↓ Hitzacker bietet viel Platz für Wohnmobile.

Für alle Fahrzeuggrößen geeignet

CAMPINGPLÄTZE

C 608 **Camping Stover Strand** (S. 183 G4)
Stover Strand 10,
21423 Drage, Tel. 04177/430,
camping-stover-strand.de
GPS: 53.424682, 10.294905
Nur wenige Meter von der Elbe entfernt, guter Ausgangspunkt für Besuche in der Gedenkstätte Neuengamme auf der Hamburger Seite der Elbe.

C 609 **Camping Land an der Elbe** (S. 183 G4)
Stover Strand 7, 21423 Drage,
Tel. 04176/327,
camping-land-online.de
GPS: 53.428301, 10.300616
Klassischer Campingplatz nur wenige Schritte von der Elbe entfernt und gleich neben dem Campingplatz Stover Strand.

C 610 **Campingplatz Flecken Artlenburg**
(S. 183 H4)
Große Str. 2,
21380 Artlenburg,
flecken-artlenburg.de
GPS: 53.376817, 10.484398
Nur Sanitärcontainer während der Hauptsaison, aber dafür toller Elbblick und ruhige Lage zwischen Fluss und Jachthafen.

C 611 **Camping Bullerby**
(S. 184 A2)
Elbuferstr. 35,
21522 Hohnstorf (Elbe),
Tel. 04139/60 37,
campbullerby.de
GPS: 53.347311, 10.573573
Große Rasenflächen mit Baumbestand.

C 612 **Knaus-Campingpark Bleckede** (S. 184 B3)
Am Waldbad 23,
21354 Bleckede,
Tel. 05854/311, knauscamp.de
GPS: 53.259316, 10.805724
Klassischer Campingplatz neben einem Freibad, ansonsten ausnahmslos von Wald umgeben.

C 613 **Camping Bankerhof**
(S. 184 B3)
Elbstr. 2, 19273 Amt Neuhaus,
Tel. 038845/44 98 25,
bankerhof.de
GPS: 53.191531, 11.001270
Einfacher und ruhig gelegener Campingplatz auf dem Gelände einer ehemaligen Landwirtschaftlichen Produktionsgenossenschaft (LPG) der DDR.

C 614 **Campingpark Gartow**
(S. 184 D4)
Am Helk 3, 29471 Gartow,
Tel. 05846/97 90 60,
campingpark-gartow.de
GPS: 53.026304, 11.442300
Gleich neben der Wendland-Therme am Rande des kleinen Orts.

Sehenswert ist in Gifhorn auf alle Fälle das Schloss.

7

SIGHTSEEING IM OSTEN

Von Gifhorn nach Hildesheim

Unsere Sightseeingtour durch den Osten Niedersachsens bringt uns mit dem Wohnmobil in einige ganz besondere Städte, etwa in die Autostadt Wolfsburg, nach Wolfenbüttel, auch Klein Venedig Niedersachsens genannt, oder nach Hildesheim, wo es Weltkulturerbe zu bestaunen gibt. Den Auftakt dieser Städterunde ganz im Zeichen der Kultur bildet Gifhorn, das mit einem prunkvollen Schloss der Weserrenaissance aufwartet.

Die erste Nacht auf dieser Tour verbringen wir auf dem Wohnmobilstellplatz in **Gifhorn**, wo wir morgens im benachbarten Schwimmbad **Allerwelle** unsere Bahnen ziehen können, um später am Tag in die kleine Altstadt loszuziehen. Über die Lindenstraße gelangt man in das quirlige Zentrum, wo nicht nur zahlreiche Einkaufsmöglichkeiten bestehen, sondern auch die **St.-Nicolai-Kirche** beeindruckt. Sie wurde in der ersten Hälfte des 18. Jahrhunderts errichtet und fällt vor allen Dingen durch ihren mächtigen Kirchturm auf.

Nur wenige Gehminuten vom Gotteshaus entfernt, aber schon etwas außerhalb der Altstadt, blickt man auf das bedeutendste Bauwerk Gifhorns. Das im Stil der Weserrenaissance erbaute **Schloss** stammt aus dem 16. Jahrhundert und diente kurzzeitig als Residenz für den Herzog. Durch das Torhaus hindurch blickt man in den Innenhof, der an seiner Nordseite von der Schlosskapelle begrenzt wird. In den Flügeln der Anlage ist nicht nur eine Gastronomie untergebracht, sondern ebenfalls das **Historische**

Zahlreiche Mühlen gibt es im Mühlenmuseum.

Museum der Stadt, das Informatives und Wissenswertes über die Geschichte der Region zu berichten weiß.

Die Schlossanlage ist von mehreren Seen umgeben, zwischen denen man in einer weitläufigen Parkanlage spazieren kann. Dabei gelangt man zum Kulturinstitut **Die Brücke**, das vor allen Dingen durch die russische Basilika und den Glockenpalast auffällt. Auch erreicht man so das sehenswerte **Internationale Mühlenmuseum**, ein Freilichtgelände mit 16 originalen und originalgetreuen Mühlennachbauten.

Der Motor des Wohnmobils wird gar nicht richtig warm, wenn wir Gifhorn verlassen und auf der B 188 nur wenige Minuten bis zur nächsten interessanten Stadt reisen.

ROUTE 7

START- UND ENDPUNKT
Gifhorn und Hildesheim

STRECKEN
überwiegend Autobahn

STRECKENLÄNGE
ca. 120 km

FAHRZEIT
3 bis 4 Tage

BESTE JAHRESZEIT
ganzjährig

Start
Gifhorn
Mühlenmuseum
Glockenpalast
Schloss
B188 25 km
Wolfsburg

DIE BEKANNTE AUTOSTADT

Den Namen der Stadt **Wolfsburg** verbindet man natürlich mit dem Autohersteller Volkswagen, der hier nicht nur Fahrzeuge baut, sondern sogar der Grund für die Stadt-

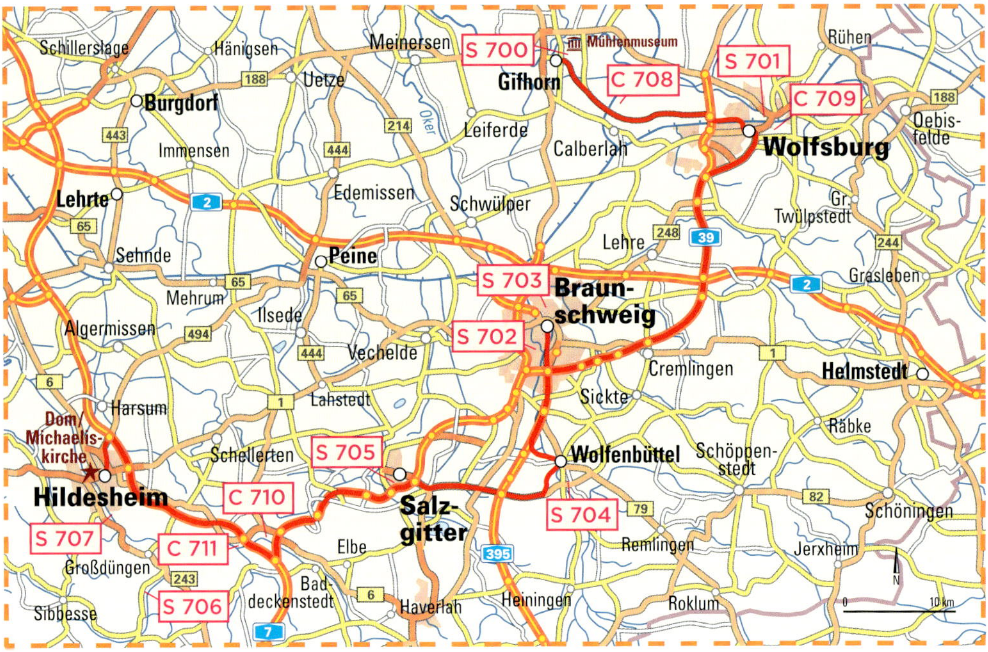

gründung war. Das Nazi-Regime förderte die Errichtung einer Stadt für die vielen Mitarbeiter des Volkswagenwerks, um ein Fahrzeug für die breite Masse der Bevölkerung bauen zu können. Der KdF-Wagen war Vorläufer des VW Käfer und ein Projekt der NS-Organisation »Kraft durch Freude« und so hieß die Stadt bei ihrer Gründung 1938 sogar »Stadt des KdF-Wagens bei Fallersleben«. Nach Ende des Zweiten Weltkriegs benannte man sie nach dem Schloss Wolfsburg, das zu Beginn des 14. Jahrhunderts erstmalig erwähnt wurde.

Allersee in Wolfsburg

Heute ist Wolfsburg natürlich vom **Volkswagen-Werk** geprägt, das um die Jahrtausendwende durch die sogenannte **Autostadt** erweitert wurde. In mehreren Pavillons werden verschiedene Fahrzeuge des Konzerns gezeigt und ein umfangreiches Museum informiert über die Geschichte von VW, wobei der VW-Bus als Campingfahrzeug nicht fehlen darf und sicherlich bei Wohnmobilfahrern gleich welcher Marke Interesse finden dürfte.

Von der Autostadt ist es nur ein kurzer Fußweg über den Mittellandkanal hinweg, um in das Stadtzentrum zu gelangen, das sich

↑ Das Rizzi-Haus in Braunschweig

↗ Nicht verpassen: der Braunschweiger Löwe

entsprechend im Stil der Nachkriegszeit zeigt. Eine klassische Altstadt ist daher nicht vorhanden. In die andere Richtung gelangt man zum **Schloss Wolfsburg**, wo heute unter anderem das Stadtmuseum untergebracht ist. Zwischen Wohnmobilstellplatz auf dem Parkplatz der Autostadt und dem Campingplatz am Allersee erhebt sich die **Volkswagen Arena** als Spielstätte des heimischen Fußballvereins VfL Wolfsburg, der natürlich vom Autohersteller gesponsert wird.

SEHENSWERTES BRAUNSCHWEIG

Wolfsburg verlassen wir über die A 39 in südliche Richtung und gelangen schon nach kurzer Fahrt nach Braunschweig. Durch die Zerstörungen im Zweiten Weltkrieg zeigt sich das Stadtbild weitgehend im Stil des letzten Jahrhunderts bzw. der Nachkriegszeit. Dennoch gibt es verschiedene Bauwerke, die den Besucher weiter zurück in die Vergangenheit tragen. Dazu zählt der **Braunschweiger Dom** mit seinem mächtigen Westportal. Er wurde im frühen 13. Jahrhundert geweiht und erhebt sich gleich gegenüber der ebenfalls sehenswerten **Burg Dankwarderode**, die viele Jahrhunderte lang als Residenz der Herzöge diente.

Zwischen den beiden historischen Bauwerken befindet sich das eigentliche Wahrzeichen der Stadt, der **Braunschweiger Löwe**. Das Löwendenkmal stammt aus dem 12. Jahrhundert und wurde auf Geheiß von Herzog Heinrich dem Löwen erstellt, um damit seine Macht zu unterstreichen. Der Löwe auf dem Platz zwischen Dom und Burg ist jedoch nur eine originalgetreue Nachbildung.

Wolfsburg
Allersee
Innenstadt
Autostadt
A39
36 km
Braunschweig
Altstadt
Burg Dankwarderode
Braunschweiger Löwe
A36
15 km
Wolfenbüttel

KULTUR

HERZOG ANTON ULRICH-MUSEUM

Das Landesmuseum in der Museumstr. 1 zählt zu den bedeutendsten Kunstmuseen Deutschlands. Es wurde bereits 1754 eröffnet und beherbergt heute über 4000 Kunstwerke aus 3000 Jahren Kunstgeschichte – von Gemälden über Skulpturen bis hin zu grafischen Meisterwerken. Neben den Dauerausstellungen gibt es wechselnde Sonderausstellungen (3landesmuseen-braunschweig.de).

Der Turm vom Schloss Wolfenbüttel überragt die Altstadt.

Wolfenbüttel
Altstadt
A39 Klein-Venedig
A7 54 km
Hildesheim

Das Original befindet sich im **Herzog Anton Ulrich-Museum**.
Doch Braunschweig kann nicht nur historisch, sondern auch modern. Bestes Beispiel ist das farbenfrohe **Happy Rizzi House** am Schlossplatz in der Nähe des Doms. Es wurde vom amerikanischen Pop-Art-Künstler James Rizzi gestaltet und zeigt sich mit einer fröhlichen Wandfassade, die sich als beliebtes Fotomotiv etabliert hat.
Wieder nur ein Katzensprung ist es vom Braunschweiger Löwen zur nächsten Stadt, die ebenfalls den Wolf in ihrem Namen trägt. Anstatt jedoch nach Wolfsburg zurück, fahren wir viel kürzer in das malerische Wolfenbüttel.

WOLFENBÜTTEL AN DER OKER

Nach dem freundlichen Empfang an der Rezeption des angrenzenden Schwimmbads und der Aushändigung des Schlüssels für die Schranke vor dem Stellplatz lassen wir unser Wohnmobil auf einer der großzügig dimensionierten Parzellen stehen und begeben uns zu einem Stadtrundgang durch Wolfenbüttel. Entlang der Langen Straße wäre es schade, das Gewässer des **Stadtgrabens** unbeachtet rechts liegen zu lassen. Durch die Grünanlage kann man den kleinen See auch gut umrunden und schon steht man wenig später an der **St.-Trinitatis-Kirche**, die vor allen Dingen durch ihre breite Fassade auffällt. Ein Blick in den hellen Innenraum, der von verzierten Marmorsäulen geprägt ist, lohnt sich.
In Sachen Größe allerdings punktet die **Hauptkirche Beatae Mariae Virginis**, die oft einfach als Marienkirche bezeichnet wird. Sie zählt zu den größten Kirchen des Braunschweiger Landes und stammt aus dem 17. Jahrhundert. Mit ihrem hohen Turm ist sie nicht zu übersehen und man erreicht sie ab der Trinitatiskirche mit nur wenigen Schritten über den Holzmarkt hinweg.
Mit der Hauptkirche ist man auch schon mitten in der Altstadt, was ohne die Umrundung des Stadtgrabens sogar noch schneller gegangen wäre. Über den kleinen Busbahnhof am Kornmarkt gelangt man direkt zum **Stadtmarkt**, wo mittwochs und samstags emsiger Trubel zwischen den Marktständen herrscht. Gleich hinter der Häuserreihe am Markt verlaufen die Einkaufsstraßen, von denen besonders die Straße Krambuden ins Auge fällt. Zwischen den Fachwerkhäusern zweigt nämlich eine kleine Gasse ab, die zum sogenannten **Klein Venedig** führt. Hier kann man noch gut erkennen, dass Wolfenbüttel in früheren Zeiten ein Grachtensystem besaß. Heute sieht man hier die Oker und

↑ Hier ist die Herzog August Bibliothek untergebracht. ↓ Mit viel Fachwerk ist die Altstadt Wolfenbüttels geschmückt.

Hildesheim
Dom
Michaeliskirche
Innenstadt

den sogenannten Großen Kanal, die zusammen mit den Häusern der Altstadt ein malerisches Bild abgeben.

Nur einen Steinwurf von Klein Venedig und den Fachwerkhäusern in Krambuden entfernt, breiten sich sowohl der Lessing- als auch der Schlossplatz direkt nebeneinander aus. Das **Schloss** diente einst als Residenz für die Herzöge von Braunschweig-Lüneburg und war ursprünglich eine Wasserburg, die bereits im 11. Jahrhundert Erwähnung fand. Von den ehemals zahlreich vorhandenen Türmen ist der höchste noch erhalten und präsentiert sich seit dem frühen 17. Jahrhundert im Stil der Renaissance. Heute beherbergt das imposante Gebäude ein Museum sowie die Räumlichkeiten eines Gymnasiums.

Dem Schloss gegenüber erhebt sich das **Lessinghaus**, in dem der Dichter Gotthold Ephraim Lessing einige Zeit verweilte und sein Werk *Nathan der Weise* verfasste. Lessing war, genauso wie einige Jahrzehnte zuvor der Philosoph Gottfried Wilhelm Leibniz, Bibliothekar der **Herzog August Bibliothek**, die sich gleich hinter dem Lessinghaus befindet. Auf dem Weg von Wolfenbüttel in den letzten Ort dieser Tour, Hildesheim, durchqueren wir **Salzgitter**. Die Stadt besitzt kein klassisches Ortszentrum, sondern besteht aus mehreren kleinen Ortschaften. Dafür besitzt Salzgitter mehrere **Naturschutzgebiete** sowie den **Salzgittersee** im Westen des Ortsteils Lebenstedt. Hier können wir das Wohnmobil auf dem Stellplatz parken und die Region rund um Salzgitter auf den zahlreichen Wander- und Radwegen erkunden.

WELTKULTURERBE IN HILDESHEIM

Zeit sollte man für die Besichtigung der Stadt mitbringen, die hier nur ansatzweise

Romanische St. Michaeliskirche in Hildesheim

↑ Der Domhof mit Andreaskirche
↖ Weltkulturerbe: Dom zu Hildesheim

vorgestellt werden kann. Die Innenstadt wird zwar von zahlreichen Nachkriegsbauten dominiert, hat jedoch einige schöne architektonische Prunkstücke zu bieten. Dazu gehört zum Beispiel das **Knochenhaueramtshaus** am Marktplatz, das einst zu einem der 100 schönsten Gebäude Norddeutschlands gewählt wurde. Kein Wunder, denn die detailreich verzierte Fassade kann man stundenlang begutachten und dabei immer wieder etwas Neues entdecken. Leider ist das originale Knochenhaueramtshaus im Zweiten Weltkrieg durch einen Brand zerstört worden.
Auch der **Umgestülpte Zuckerhut** ganz in der Nähe ist ein Nachbau aus den letzten Jahren. Dieses kleine Fachwerkhaus fällt durch seine ungewöhnliche Bauweise auf, die dem Gebäude seinen Namen verlieh. Aus Platzgründen steht das Bauwerk nämlich auf einem Grundriss von nur 17 Quadratmetern, während die beiden oberen Etagen mehr Grundfläche zu bieten haben.
Das bedeutendste Gebäude von Hildesheim ist jedoch der Dom, der zusammen mit der **Michaeliskirche** zu den Welterbestätten der UNESCO zählt. Beide Bauwerke stammen aus vorromanischer Zeit. Berühmt ist der Dom für den **Tausendjährigen Rosenstock**, der an der Außenwand des Domchores wächst und vermutlich ein Alter von 700 Jahren aufweisen kann. Das Dommuseum Hildesheim zeigt den Domschatz, der ebenfalls zum UNESCO-Weltkulturerbe gehört und aus zahlreichen liturgischen Gefäßen, Gewändern und Reliquien besteht. Hervorzuheben ist das goldgefasste und mit Edelsteinen und Perlen besetzte **Bernwardskreuz**.

SPECIAL

DIE ROSENSTADT

Die heimliche Kulturhauptstadt Niedersachsens trägt den inoffiziellen Beinamen Rosenstadt. Zum einen wegen des jahrhundertealten Rosenstocks am Dom, zum anderen wegen der geschätzt 50 000 Rosen, die im Stadtgebiet prächtig gedeihen. Die 1989 gegründete Initiative Rosenstadt Hildesheim e. V. fördert und pflegt Rosenpflanzungen in Hildesheim und Umgebung. Ein besonderes Erlebnis ist der Besuch des Magdalenengartens, eines ehemaligen Klostergartens, der heute als zauberhafter Rosengarten betört (magdalenengarten.de).

PRAKTISCHE HINWEISE

TOURISTINFORMATIONEN

Touristinformation Gifhorn
Marktplatz 1, 38518 Gifhorn,
Tel. 05371/93 78 80,
suedheide-gifhorn.de

Touristinformation Wolfsburg
Willy-Brandt-Platz 4,
38440 Wolfsburg,
Tel. 05361/89 99 30,
was-wann-wolfsburg.de

Touristinfo Braunschweig
Kleine Burg 14,
38100 Braunschweig,
Tel. 0531/470 20 40,
braunschweig.de

Tourist-Info Wolfenbüttel
Löwenstr. 1,
38300 Wolfenbüttel,
Tel. 05331/862 80,
lessingstadt-wolfenbuettel.de

Tourist-Information Salzgitter
Windmühlenbergstr. 20,
38259 Salzgitter,
Tel. 05341/900 99 40,
tourismus-salzgitter.de

Tourist-Information Hildesheim
Rathausstraße 20,
31134 Hildesheim,
Tel. 05121/179 80,
www.hildesheim-tourismus.de

STELLPLÄTZE

S 700 **Wohnmobilstellplatz Gifhorn** (S. 189 G5)
Konrad-Adenauer-Str. 8,
38518 Gifhorn
GPS: 52.484572, 10.554250
Strom sowie Ver- und Entsorgung vorhanden, direkt am Ufer der Aller und neben dem Freibad Allerwelle. Die Innenstadt ist fußläufig erreichbar.

S 701 **Wohnmobilstellplatz Wolfsburg** (S. 189 H5)
P2, Berliner Brücke,
38440 Wolfsburg
GPS: 52.434911, 10.797378
Acht asphaltierte und mit Schranke versehene Wohnmobilstellplätze der Autostadt. Check-in ist nur bis 17 Uhr möglich. Ideale Lage für kurze Wege, jedoch direkt an einer Hauptstraße mit entsprechender Geräuschkulisse. Strom vorhanden.

S 702 **Wohnmobilstellplatz Braunschweig** (S. 189 G6)
Werkstättenweg 2,

Alles klar geregelt auf dem Stellplatz

Wohnmobilstellplatz in Braunschweig

38122 Braunschweig
GPS: 52.249707, 10.519385
Günstiger Stellplatz für knapp 20 Wohnmobile zwischen Bürgerpark und Umspannwerk. Die nahe gelegene Straße ist gut zu hören, dafür gelangt man am Ufer der Oker recht einfach in das Stadtzentrum.

S 703 **Wohnmobilstellplatz Braunschweig** (S. 189 G6)
Am Schützenplatz 1,
38114 Braunschweig,
wasserwelt-bs.de
GPS: 52.284996, 10.517338
Im Norden der Stadt gleich neben dem Freizeitbad Wasserwelt und nahe dem Ölpersee. Strom sowie Ver- und Entsorgung vorhanden.

S 704 **Wohnmobilstellplatz Okeraue** (S. 191 G1)
Lange Str. 21, 38300 Wolfenbüttel, Tel. 05331/40 86 90
GPS: 52.156113, 10.541521
Sehr freundlicher Empfang am Stadtbad Okeraue, wo man den Schlüssel für die Schranke erhält. Ruhige Lage zwischen dem Freibad und der Oker. Die Innenstadt ist schnell zu erreichen. Großzügige Parzellen mit Strom sowie Sanitärbereich.

S 705 **Reisemobilstellplatz am Salzgittersee** (S. 191 F1)
Zum Salzgittersee 29,
38226 Salzgitter
GPS: 52.152359, 10.312943
Günstiger Stellplatz zwischen See und Freibad nahe dem Zentrum. Strom sowie Ver- und Entsorgung vorhanden.

S 706 **Wohnmobilstellplatz Bad Salzdetfurth** (S. 191 E2)
Solebadstr.,
31162 Bad Salzdetfurth
GPS: 52.071936, 10.018622

Am Hohnsensee übernachtet man in Hildesheim.

Zufahrt zum Wohnmmobilstellplatz in Hildesheim

Zehn asphaltierte Parzellen an einem Parkplatz neben dem Sole- und Freibad. Ver- und Entsorgung sowie Strom vorhanden. Nur ein kurzer Fußweg zu den Salinen im Kurpark.

S 707 **Wohnmobilstellplatz Hohnsensee** (S. 191 E1)
Hohnsen 28, 31134 Hildesheim
GPS: 52.138636, 9.954140
Einfacher Stellplatz in einer Grünanlage mit Blick auf den Hohnsensee. Hinter den Wohnmobilen verläuft der Fluss Innerste. Durch die Parkanlage gelangt man schnell in die Altstadt.

CAMPINGPLÄTZE

C 708 **Campingplatz Tankumsee** (S. 189 H5)
Dannenbütteler Weg 7, 38550 Isenbüttel,
Tel. 05374/12 54,
camping-tankumsee.com
GPS: 52.450809, 10.612279
Großer Campingplatz genau auf halber Strecke zwischen Gifhorn und Wolfsburg, nur wenige Schritte von einem See entfernt.

C 709 **Campingplatz am Allersee** (S. 189 H5)
In den Allerwiesen 5, 38446 Wolfsburg,
Tel. 05361/633 95,
camping-allersee.de
GPS: 52.431603, 10.815059
Ruhiger Wohnmobilstellplatz am Südufer des Allersees. Sämtliche Freizeiteinrichtungen wie Autostadt, Stadion, Eisarena und Badeland sind fußläufig gut zu erreichen.

C 710 **Campingplatz Bergmühle** (S. 191 F2)
Bergmühle 1, 31188 Holle,
Tel. 05062/14 39, campingplatz-bergmuehle.de
GPS: 52.104869, 10.175005
Waldreicher Campingplatz am Ufer der Innerste zwischen Salzgitter und Hildesheim.

C 711 **Seecamp Derneburg** (S. 191 F2)
Seecamp 1, 31188 Holle,
Tel. 05062/565,
seecamp-derneburg.de
GPS: 52.102980, 10.138934
Gute Erreichbarkeit durch die nahe gelegene Bundesstraße und Autobahn. Klassischer Campingplatz mit Schwerpunkt auf Dauercamping, aber auch mit Parzellen an einem größeren Teich.

↑ Die Parzellen bieten Seeblick in Wolfsburg. ↓ Kinderspielplatz und Gasflaschentausch – alles vorhanden

In Bückeburg ist auch Wanderurlaub möglich.

8

UNTERWEGS IM WESERBERGLAND

Von Bückeburg nach Hann. Münden

Sanft hügelige Landschaft begleitet uns auf unserer Wohnmobiltour durch das Weserbergland. Wir lernen Märchen-Orte wie die Rattenfängerstadt Hameln, die Heimatstadt des Lügenbarons Münchhausen oder das Zuhause des Aschenputtels, Burg Polle, kennen. Zuletzt reisen wir in die südlichste Stadt Niedersachsens – Hann. Münden, dessen von Fachwerk geprägte Altstadt uns abermals in märchenhafte Stimmung versetzt.

Einer der wichtigsten Orte im nördlichen Weserbergland ist **Bückeburg**. Die Stadt ist bekannt für das gleichnamige Schloss, das sich am Rande der Altstadt im weitläufigen Schlosspark erhebt. Entstanden ist das **Schloss** als Nachfolgebau der Bückeburg, die erstmalig zu Beginn des 14. Jahrhunderts erwähnt wurde. Otto IV. von Schaumburg war es, der die Burg zwei Jahrhunderte später zum heute stolzen Schloss im Stil der Weserrenaissance umbauen ließ. Seit Mitte des 17. Jahrhunderts wird Schloss Bückeburg von der Adelsfamilie zu Schaumburg-Lippe bewohnt. Zugleich ist es heute Ort zahlreicher Veranstaltungen und kann auch im Rahmen einer Führung besichtigt werden. Auch die angrenzende **Schlosskapelle** ist sehenswert. Sie besticht mit einem detailreich verzierten Kreuzrippengewölbe. Die Wände der Kapelle sind mit zahlreichen Ornamenten ausgeschmückt, die in der Übergangszeit von der Renaissance zum Barock entstanden sind.
Außerhalb des Schlosses lohnt ein gemütlicher Rundgang durch den **Schlosspark**. Man passiert einige interessante Skulpturen und trifft auf teils seltene Bäume. Am Westende des Gartens erreicht man das im neoromanischen Stil erbaute Mausoleum. Es wurde nach mehrjähriger Bauzeit vor etwas über einhundert Jahren fertiggestellt und präsentiert sich mit einer 25 Meter hohen Kuppelhalle, die mit unzähligen Mosaiken ausgeschmückt ist. Abschließend lockt ein Besuch der **Fürstlichen Hofreitschule**, in der man sehenswerte Reitvorführungen im barocken Stil erleben kann.
Bürgerlicher geht es im Stadtzentrum zu, wo die **Stadtkirche** einen Besuch verdient hat. Sie fällt durch den fehlenden Kirchturm auf und wurde im 17. Jahrhundert ebenfalls im Stil der Weserrenaissance erbaut. In der zweiten Hälfte des 18. Jahrhunderts zeichnete Johann Christoph Friedrich Bach, Sohn von Johann Sebastian Bach, für die Musik in der Kirche verantwortlich, zudem war er gräflicher Hofmusiker in Bückeburg.

Spaziergang durch den Schlosspark in Bückeburg

ROUTE 8

START- UND ENDPUNKT
Bückeburg und Hann. Münden

STRECKEN
überwiegend Landstraßen und Bundesstraßen

STRECKENLÄNGE
ca. 160 km

FAHRZEIT
3 bis 4 Tage

BESTE JAHRESZEIT
ganzjährig

Start Bückeburg
Schloss Hubschraubermuseum
10 km
Rinteln

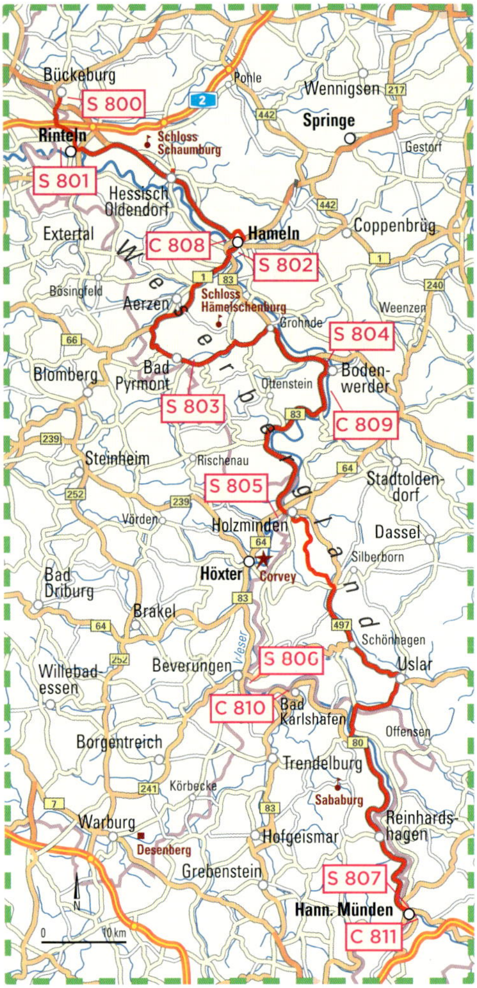

die Stadt – im Gegensatz zu Hameln, Höxter oder Hann. Münden beispielsweise – nördlich und südlich der Weser befindet. Der größere Bereich Rintelns liegt im Norden und beherbergt moderne Wohnbebauung, Einkaufsmöglichkeiten, Gewerbegebiete und den Bahnhof. Der wesentlich interessantere Teil der Stadt ist vom Stellplatz aus über die Weserbrücke am südlichen Ufer zu erreichen. Dort befindet sich die Altstadt, die nicht nur bei einem Blick auf die Karte wie eine eigenständige Ortschaft wirkt.

Wenn man sich schon mal mit dem Rintelner Stadtplan befasst, wird man schnell feststellen, dass die Altstadt von einem gezackten Straßenverlauf umgeben ist. Dies entstand historisch durch die einstige Stadtbefestigung. Sie entwickelte sich im Mittelalter aus einer Stadtmauer mit Türmen und Stadttoren zu einem Befestigungswall mit einem Wassergraben, Erdwällen und sieben Bastionen. Im frühen 19. Jahrhundert wurden die Wälle und Befestigungsmauern auf Geheiß Napoleons abgetragen und es entstand an deren Stelle ein Grüngürtel, der in einigen Abschnitten noch heute gut erkennbar ist.

Auf kleinen Landstraßen fahren wir ab Bückeburg in südliche Richtung und unterqueren die A 2 bzw. überqueren das Wesergebirge, um die erste größere Ortschaft zu erreichen, ab der wir das Wohnmobil durch das Weserbergland bugsieren.

FACHWERKALTSTADT RINTELN

Rinteln gehört zu den Städten, die sich beiderseits der Weser erstrecken. Allerdings fließt der Fluss hier mit einigen Kurven überwiegend von Ost nach West, sodass sich

Tipp

TECHNIK ERLEBEN UND VERSTEHEN

Am Sable-Platz 6 befindet sich das einzige Museum Deutschlands, das sich ausschließlich mit den sogenannten Vertikalfliegern befasst. Im Bückenburger Hubschraubermuseum werden 50 verschiedene Hubschrauber gezeigt, ihre Technik anschaulich erklärt und wer es sich zutraut, kann gegen einen geringen Aufpreis in einem Simulator Platz nehmen (hubschraubermuseum.de).

Im 13. Jahrhundert wurde die St. Nikolaikirche gebaut.

Mitten in der Altstadt breitet sich der gemütliche **Marktplatz** aus, der von zahlreichen Fachwerkhäusern umgeben ist und ein idyllisches Bild abgibt. Entweder genießt man das Altstadtflair bei einer Einkehr in einem der Cafés oder bei einem Stadtbummel, den man allein oder im Rahmen einer Führung unternehmen kann. Besonders beliebt sind die Nachtwächterführungen in den Abendstunden, wenn der Marktplatz beleuchtet ist. Am östlichen Ende des Platzes befindet sich in historischen Gemäuern die Touristeninformation und gleich dahinter erhebt sich die nicht minder sehenswerte evangelische **St.-Nikolai-Kirche** aus dem 13. Jahrhundert. Westlich der Altstadt bietet der **Doktorsee** zahlreiche Freizeitmöglichkeiten, weshalb er ein beliebtes Ausflugsziel darstellt, während sich nördlich von Rinteln das Wesergebirge erhebt und der dortige **Klippenturm** ein prachtvolles Panorama auf das Wesertal ermöglicht. Der 1889 erbaute Turm ist rund 20 Meter hoch und kann über 103 Stufen erklommen werden.

Rinteln
Altstadt
B83 15 km
Hessisch Oldendorf

Die **Eulenburg** hingegen ist ein historisches Gebäude, das vermutlich im 16. Jahrhundert entstanden ist. Es beherbergt heute das **Stadtmuseum** und zeigt auf drei Etagen fünf Themenschwerpunkte, teilweise interaktiv dargestellt. Neben der Frühgeschichte werden die Stadt bzw. Festung Rinteln sowie die

Skulptur in Rinteln

↑ Die Stadtmauer von Hameln wurde rekonstruiert. ↓ Die Marktkirche dominiert das Zentrum von Hameln.

Weser und die Universität erläutert und auch auf die einstigen Hexenverbrennungen wird eingegangen.
Die B 83 bringt uns im nördlichen Bereich des Weserberglands zu den nächsten Ortschaften Hessisch Oldendorf und Hameln.

HESSISCH OLDENDORF LIEGT NICHT IN HESSEN

Der Name mag verwirren, denn Hessisch Oldendorf liegt nicht in Hessen, sondern wir bleiben weiterhin in Niedersachsen. Doch als man im Jahr 1905 beschloss, den Ort Oldendorf namentlich von anderen Orten mit selbiger Bezeichnung hervorzuheben, gehörte die Stadt zur preußischen Provinz Hessen-Nassau.
Zur Stadt gehört auch der kleine Ort Fischbeck etwas weiter flussaufwärts, genau zwischen Hessisch Oldendorf und Hameln gelegen. In dem Ort leben gerade einmal rund 300 Einwohner, doch ist er bekannt für das gleichnamige **Stift Fischbeck**, das Mitte des 10. Jahrhunderts gegründet wurde. Das heutige Klostergebäude wurde nach schweren Zerstörungen während des Dreißigjährigen Krieges erst wieder im 18. Jahrhundert neu aufgebaut und präsentiert sich mit Kreuzgang und einem über 400 Jahre alten Wandteppich, der in der Stiftskirche zu sehen ist.
Doch auch direkt in Hessisch Oldendorf lohnt es sich, durch die Altstadt zu streifen. Durch verschiedene Abrissarbeiten in der Nachkriegszeit sind zwar einige der mittelalterlichen Fachwerkhäuser verschwunden, doch herausragend ist bis heute der **Münchhausenhof** am südlichen Stadtrand. Der im Weserrenaissance-Stil erbaute Ritterhof entstand Ende des 16. Jahrhunderts und ist ein zweiflügeliges Gebäude, das durch eine Grünanlage vom kleinen Hollenbach getrennt ist. Dieser mündet nur wenige Hundert Meter weiter in die Weser.

An dem Rattenfänger kommt man nicht vorbei.

BESUCH BEIM RATTENFÄNGER VON HAMELN

Zu den berühmtesten Städten des Weserberglandes gehört Hameln. Die Stadt ist nicht nur in Deutschland für ihren Rattenfänger bekannt, sondern weltweit. Es wird geschätzt, dass jeder siebte Mensch auf der Erde die Geschichte vom Flötenspieler kennt. Große Popularität hat sie in den USA und im Fernen Osten. Seit 2014 steht die Geschichte vom Rattenfänger auf der Liste der nationalen immateriellen Kulturgüter, die von der deutschen UNESCO-Kommission verwaltet wird. Mit dieser prestigeträchtigen Auszeichnung ist es kein Wunder, dass in Hameln beinahe alles im Zeichen der Rattenfänger-Sage steht.

Stadtgeschichte lernt man im Museum Hameln kennen.

Das fängt zum Beispiel beim **Rattenfänger-Figurenspiel** an der Fassade des Hochzeitshauses an, wo der Flötist drei Mal täglich (13.05 Uhr, 15.35 Uhr und 17.35 Uhr) seine Runden dreht. Das **Hochzeitshaus** entstand im frühen 17. Jahrhundert als letztes Hamelner Gebäude im Stil der Weserrenaissance. Markant sind an der Fassade aus Sandstein die Glocken, die täglich um 9.35 Uhr das Rattenfängerlied »Wandern, ach wandern durch Berg und Tal« spielen.
In unmittelbarer Nachbarschaft erhebt sich die Marktkirche **St. Nicolai**. Die Besteigung ihres Kirchturms lohnt wegen der großartigen Aussicht auf Hamelns Altstadt. Am Hochzeitshaus läuft die **Osterstraße** vorbei, die als *platea orientalis* Mitte des 14. Jahrhunderts erstmals erwähnt wurde. An ihr entlang reihen sich weitere sehenswerte Bauwerke, zum Beispiel das **Leisthaus**, in dem das Museum der Stadt Hameln untergebracht ist, sowie das **Stiftsherrenhaus**, das mit dem Leisthaus durch eine Brücke verbunden ist und mit Ornamenten und Figürchen reichhaltig verziert ist.
Natürlich darf in der Osterstraße auch das sogenannte **Rattenfängerhaus** nicht fehlen. Es präsentiert sich ebenfalls kunstvoll verziert im Stil der Weserrenaissance und entstand zu Beginn des 17. Jahrhunderts. Zu seinem Namen kam es jedoch erst 300 Jahre später durch eine Inschrift an der Seite des Hauses, die von einem Pfeifer und 130 verleiteten Kindern spricht.
Wir bleiben südlich von Hameln vorläufig weiter auf der B 83 und reisen an der Weser entlang nach Emmerthal.

EMMERTHAL IM MÄRCHENLAND

Emmerthal ist eine Gemeinde mit rund 10 000 Einwohnern, die sich auf 17 Orte verteilen Sie liegt linksseitig des Flusses und beherbergt in unmittelbarer Nähe die Mündung des namensgebenden Flusses Emmer. Dieser ist fast 62 Kilometer lang und entspringt im Eggegebirge. Auf seinem Weg in die Weser durchquert der Fluss zunächst Bad Pyrmont und passiert den zur Gemeinde Emmerthal gehörenden Ort Hämelschenburg.
Hämelschenburg ist bekannt für sein prächtiges **Schloss** im Stil der Weserrenaissance, das im 16. Jahrhundert erbaut wurde. Im Jahrhundert darauf, als der Dreißigjährige Krieg tobte, stellte sich die damalige Besitzerin den Truppen von Johann T'Serclaes von Tilly entgegen und handelte mit ihm erfolgreich aus, dass das Schloss weder betreten noch angegriffen oder gar zerstört werden würde, woran sich Tilly auch hielt. Dass das

Bad Pyrmont beeindruckt unter anderem mit einem Wasserschloss.

Schloss Teil des Märchenlandes Weserbergland ist, zeigte sich vor einigen Jahren, als es als Kulisse für eine Verfilmung des Märchens »Allerleirauh« der Gebrüder Grimm diente. Zum Gebäudeensemble, das übrigens von der Landstraße durchschnitten wird, gehört auch die **St.-Marien-Kirche**, die ursprünglich als Schlosskapelle erbaut wurde und seit fast 400 Jahren als Gemeindekirche genutzt wird.

AUSFLUG

OHRBERGPARK

Die Parklandschaft im Stil eines englischen Gartens ist seit ihrer Entstehung im frühen 19. Jahrhundert in Familienbesitz und dennoch frei begehbar. Besonders im Frühjahr werden Besucher des Parks auf dem Ohrberg mit dem Anblick goldleuchtender Azaleen belohnt. Neben diesen und zahlreichen Rhododendronsträuchern wachsen hier aufgrund eines besonderen Mikroklimas oberhalb des Steilhangs auch einige exotische Pflanzen (ohrbergpark.de).

Im Norden der Gemeinde Emmerthal erhebt sich am linken Weserufer der **Ohrberg**. Er bietet einen wunderbaren Ausblick auf die dortige Weserschleife und beherbergt den sehenswerten Ohrbergpark.

Hameln
Altstadt
Rattenfängerhaus
B1
23 km
Bad Pyrmont
Schloss
Wandelhalle
B83
25 km
Bodenwerder

Auf dem Weg nach Bodenwerder sollten wir die B 83 für einen weiteren kurzen Abstecher nach Westen verlassen. Auf kleineren Landstraßen gelangen wir so in das sehenswerte Bad Pyrmont.

MEDITERRANES FLAIR IN BAD PYRMONT

Als noch andere Orte in der Region in der Entstehung waren, gab es in Bad Pyrmont das sogenannte **Wundergeläuf**, als nämlich Mitte des 16. Jahrhunderts mehrere Tausend Menschen aus zahlreichen Ländern Europas nach Bad Pyrmont pilgerten, um die hiesige wundertätige Quelle zu erleben und sich heilen zu lassen. Den Zusatz »Bad« erhielt das damalige Pyrmont jedoch erst im Jahr 1914. Bei einem Besuch von Bad Pyrmont wird man in aller Regel den Wohnmobilstellplatz

Der Palmengarten ist absolut sehenswert.

in den Emmerauen aufsuchen. Von dort sind die wesentlichen Sehenswürdigkeiten der Stadt in wenigen Gehminuten und verschiedener Richtung gut zu erreichen.
In unmittelbarer Nähe zum Stellplatz befindet sich der kleine **Gondelteich**, angrenzend zum Erlebnis- und Freibad mit seinen drei Schwimmbecken. Gleich daneben liegen der **Tierpark** und die Tourismusinformation. Von dort zweigen die bedeutendsten Sehenswürdigkeiten über fast v-förmig verlaufende Fußwege ab. Nach Nordwesten hin erreicht man durch den Schlossgarten das dazugehörige **Wasserschloss**, während man nach Nordosten über eine idyllische Allee zur Wandelhalle gelangt, die das Herzstück des Stadtzentrums bildet. Zwischen Schloss und Wandelhalle erstreckt sich wiederum der beliebte und ebenfalls sehenswerte Kurpark.
Die Geschichte des Schlosses begann in der ersten Hälfte des 16. Jahrhunderts, als Graf Friedrich VI. von Spiegelberg eine Festung bauen ließ und in ihrer Mitte ein Schloss. Nach zahlreichen Kämpfen und Belagerungen, insbesondere im Dreißigjährigen Krieg, war das Schloss stark zerstört und verfiel im Laufe der Zeit. Im 18. Jahrhundert entstand auf Betreiben des Grafen von Waldeck und Pyrmont ein neues Schloss im Stile des Barock an selber Stelle. Es ist noch heute von einem Wassergraben umgeben und beherbergt mittlerweile Teile der örtlichen Volkshochschule sowie das städtische Museum.
Die **Wandelhalle** ist das Wahrzeichen der Stadt und dominiert mit dem vorgelagerten Kuppelbau die Fußgängerzone. Die Kuppel steht auf einem Dutzend Säulen aus Sandstein und wurde in den 1920er-Jahren gebaut. Sie überdeckt die Quelle **Hyllige Born**, die bereits im 14. Jahrhundert namentlich erwähnt wurde und traditionell als Hauptquelle Bad Pyrmonts gilt. Ein Gang in die

Wandelhalle ist natürlich unverzichtbar. Gegen einen geringen Betrag erhält man einen Becher, mit dessen Hilfe man sich an einem der Wasserhähne bedienen kann, wobei jedes Wässerchen eine andere Wirkung aufweist.
Von der Wandelhalle gelangt man auf die **Historische Hauptallee**, die, gesäumt von Linden, als älteste Kuranlage Deutschlands gilt und schon im 17. Jahrhundert als Spazierfläche während der Trinkkuren genutzt wurde. Sie geht wiederum in die Untere Hauptallee über, die bis zur Touristeninformation reicht und in ihrer jetzigen Form mit einem Wasserlauf – anlässlich der Weltausstellung Expo 2000, die in Hannover stattfand – gestaltet ist. Darüber hinaus gibt es noch einen **Palmengarten** im Kurpark sowie zahlreiche historische Bauwerke rund um die Wandelhalle zu besichtigen. Die Touristeninformation hält einen ausführlichen Flyer bereit, damit Besucher auf den historischen Spuren der Stadt wandeln können.
Über kleine Landstraßen fahren wir zurück zur Weser und besuchen Bodenwerder.

Über die Hauptallee gelangt man in den Kurbereich.

IN DER HEIMAT DES LÜGENBARONS

Bodenwerder trägt seit 2013 offiziell den Namenszusatz **Münchhausenstadt**. Hieronymus Karl Friedrich von Münchhausen, besser bekannt als der Lügenbaron, kam hier am 11. Mai 1720 zur Welt und starb fast 77 Jahre später ebenfalls in Bodenwerder. Verschiedene Veranstaltungen, die seinen Namen tragen, finden vor allem in den Sommermonaten statt und gipfeln im Münchhausen-Preis. Dieser wird alljährlich von der Stadt Bodenwerder an Entertainer, Schauspieler und Kabarettisten verliehen.
Wenn auch die Präsenz des Lügenbarons deutlich zu spüren ist, so bietet Bodenwerder natürlich noch mehr. Da wäre zum Beispiel die **Weserschifffahrt** vor der herrlichen Kulisse bewaldeter Steilhänge, die sich gegenüber der Ortschaft am anderen Ufer erheben und wo der **Bismarckturm** wunderbare Aussichten verspricht. Außerdem lädt im Süden Bodenwerders eine **Allwetter-Sommerrodelbahn** zu abenteuerlichen Abfahrten ein, überdies ist sie ein beliebter Treffpunkt für Motorradfahrer.

Bodenwerder
Münchhausen-Museum
25 km
Holzminden

Zu guter Letzt sei der Weiler **Polle** erwähnt, der zusammen mit Bodenwerder eine Samtgemeinde bildet und oberhalb der Weser und einer kleinen Weserfähre eine sehenswerte **Burgruine** präsentiert. Die aus einer Ober- und einer Unterburg bestehende Ruine wurde vermutlich im frühen 13. Jahrhundert

Gotische St. Nicolaikirche in Bodenwerder

Weserufer, und zwar an der kleineren der beiden Brücken, über die man den Fluss überqueren kann. Dieser Bereich von Holzminden dient ausschließlich dem Freizeitvergnügen und umfasst neben dem Camping- und Wohnmobilstellplatz das Hallen- und Freibad. Ohne die Brücke, die direkt vom Hallenbad in die Innenstadt führt, müsste man immer den Umweg über nordrhein-westfälischen Boden nehmen, da dieser Teil von Holzminden ansonsten ausschließlich vom Nachbarbundesland umgeben ist.
Um die Innenstadt von Holzminden kennenzulernen, kann man im wahrsten Sinne des Wortes seiner Nase folgen. Denn an den Sehenswürdigkeiten der Stadt erheben sich kleine **Stelen**, an denen Aromen versprüht werden. Grund hierfür ist die traditionsreiche Verbindung der Stadt mit der Duft- und Aromaindustrie. So wurde hier zum Beispiel

Holzminden
B497 Innenstadt Weserufer
B241 27 km
Uslar

errichtet und erlitt bei einer Belagerung durch Tilly schwere Schäden im Dreißigjährigen Krieg. Da wir uns im Weserbergland ganz offiziell im Märchenland befinden, verwundert es kaum, dass die Burg bei Polle als Heimstatt von Aschenputtel gilt. Daher gelangt man auf dem **Aschenputtelweg** in das Aschenputtelzimmer.
Auf dem weiteren Weg gen Süden stellen wir das Wohnmobil auf dem Stellplatz in Holzminden ab und genießen nicht nur den Blick vom Womo direkt aufs Wasser.

EINFACH DUFTE: HOLZMINDEN

Holzminden liegt fast ausschließlich am rechten, östlichen Ufer der Weser. Nur ein sehr kleiner Teil befindet sich am linken

SPECIAL

AUF DEN SPUREN DES MÜNCHAUSEN

Einer der Vorfahren des Lügenbarons, der im 16. Jahrhundert geborene Statius von Münchhausen, ließ ein Herrenhaus errichten, das später als Rathaus diente und in dem heute das Münchhausen-Museum untergebracht ist. Auf den Lügenbaron trifft man auch bei einem Spaziergang durch die gemütliche Ortschaft: In der Fußgängerzone sitzt er in seiner wohl bekanntesten Position, nämlich auf einer Kanonenkugel. Wenige Meter hinab zum Weserufer erlebt man Münchhausen, wie er auf einem halben Pferd an der Uferpromenade entlangreitet. Spätestens jetzt wird dem Besucher klar, dass Bodenwerder von den fabulösen Lügengeschichten des Adligen geradezu lebt.

↑ Auf dem Weg zur Hyllige Born in Bad Pyrmont. ↓ Genussvolle Pause am Weserufer in Holzminden

Stadtrundgang durch die Altstadt von Holzminden

Uslar
Altstadt
B80 35 km
Hann. Münden

1874 das künstliche Vanillinaroma erfunden. 17 Stelen sind es heute im gesamten Stadtgebiet, und sie bieten einiges Duftendes: von Pfefferminze am Rathaus bis hin zu Salbei am Weserkai. Wer nicht ganz so viel Zeit hat, alle Aromen zu erschnuppern, kann an einem kurzen Stadtrundgang zu nur sieben Stelen teilnehmen, die sich in unmittelbarer Nähe des Marktplatzes und der Touristeninformation befinden. An welcher Station es wonach riecht, wird hier selbstverständlich nicht verraten. Von der mittelalterlichen Altstadt ist nach einem Großbrand im Jahr 1640 leider nicht mehr viel geblieben. Ein Fachwerkhaus von Holzminden befindet sich in der Grabenstraße und ist als **Tilly-Haus** bekannt, wo der Heerführer Johann T'Serclaes von Tilly geweilt haben soll. Weitere Sehenswürdigkeiten sind die **Lutherkirche** sowie die historische **Hafen- und Werftanlage**, die in der ersten Hälfte des 19. Jahrhunderts entstand und große Bedeutung für die Schifffahrt auf der Weser hatte. Ein beliebter Treffpunkt ist der lang gestreckte **Marktplatz**, der oftmals für Veranstaltungen dient. Eines der bedeutenden Feste ist das Internationale Straßentheaterfestival, das alle zwei Jahre an Pfingsten veranstaltet wird. Internationale Theaterensembles und Einzelkünstler führen hierbei oft Premieren auf. Auf dem Marktplatz befindet sich außerdem der **Wilhelm-Raabe-Brunnen** aus dem Jahr 1927. Er zeigt die Figur des Lutheraners Klaus Eckenbrecher, der in Raabes Werk »Der heilige Born« vorkommt, das in Holzminden spielt.

Über den Solling steuern wir das Wohnmobil auf den Bundesstraßen 497 und 241 in das kleine Städtchen Uslar.

USLAR – TOR ZUM SOLLING

Mehrere touristische Ferienrouten führen durch Uslar, darunter die Fachwerkstraße, die Deutsche Märchenstraße und die Straße der Weserrenaissance. Schon allein diese Tatsache zeigt die Attraktivität Uslars. Als Wahrzeichen sticht zwischen zahlreichen sehenswerten Gebäuden das ehemalige **Rathaus** hervor, das 1476 in Fachwerkarchitektur errichtet wurde. Es befindet sich in der **Langen Straße**, die von weiteren zahlreichen und schönen Fachwerkhäusern gesäumt wird und wo sich das geschäftige Leben der Stadt abspielt.
Nur wenige Schritte davon entfernt erhebt sich die **St.-Johannis-Kirche**, die der Innenstadt den Rücken zu zeigen scheint, denn nähert man sich dem Gotteshaus von der Langen Straße, blickt man zunächst auf den gotischen Chor. Dieser wurde im frühen 15. Jahrhundert errichtet. Der Turm an der Westseite der Kirche steht auf dem ältesten Gebäudeteil, einer früheren Basilika aus dem 13. Jahrhundert. Nicht zu Unrecht wird das Museum zur Stadt- und Regionalgeschichte als **Museumsquartier** bezeichnet. Es ist nämlich in vier Gebäudeteilen eines ehemaligen Sattlerhofes aus dem 17. Jahrhundert untergebracht. In stilvoller Fachwerkkulisse wird das einstige Leben in der Solling-Vogler-Region dargestellt.

DURCH DAS NACHBARBUNDESLAND

Wer statt nach Uslar lieber weiter an der Weser reist, wird kurzzeitig das Bundesland verlassen und sich im östlichsten Bereich von Nordrhein-Westfalen aufhalten. Dabei

Wunderbare Fachwerkromantik gibt es auch in Uslar.

durchqueren wir Höxter in NRW, sind in Lauenförde wieder in Niedersachsen und treffen bei Bad Karlshafen noch auf ein weiteres Bundesland: Hessen.
Am Ortsrand von **Lauenförde** befindet sich das **Tecta Kragstuhlmuseum**. Es handelt sich unter anderem um eine private Ausstellung, in dem modernes Möbeldesign präsentiert wird. Kernstück sind die Kragstühle, die man unter ihrem Namen vermutlich weniger kennt, doch die meisten Menschen dürften schon mal in einem solchen Stuhl gesessen oder ihn zumindest gesehen haben. Die Sitzgelegenheiten haben keine klassischen Hinterbeine, sondern bestehen aus einem Metallrohr, das so geformt ist, dass der Sitz federt, wenn man es sich gemütlich macht. Deshalb werden Kragstühle auch als Freischwinger bezeichnet. Neben der Krag-

Die Weser bildet ein schönes Tal zwischen Niedersachsen und NRW.

stuhlsammlung zeigt das Museum originale Konstruktionspläne des französischen Architekten Jean Prouvé, der neben zahlreichen Fassaden ebenfalls für verschiedene Möbelstücke verantwortlich zeichnet. Außerdem stellt das Museum Designgegenstände aus, die von unbekannten Gestaltern geschaffen wurden und dennoch – oder gerade deswegen – ebenfalls einen Blick wert sind.
Im Süden von Lauenförde grenzt der **Yachthafen Dreiländereck** mit einer kleinen Einfahrt direkt an die Weser und bietet neben einem Campingplatz und einem Wohnmobilstellplatz einen Motorbootverleih. Der Hafen ist zudem Veranstaltungsort für das örtliche Osterfeuer, Schützen- und Oktoberfest.

AUSBLICKE AUF DAS WESERTAL

Bei **Bad Karlshafen** bildet Niedersachsen mit Hessen und Nordrhein-Westfalen ein sogenanntes Dreiländereck. Der genaue Punkt mitsamt seiner Markierung befindet sich in der Straße Am Friedenstal, die aufwärts in die **Hannoverschen Klippen** führt. Die Felsen aus Wesersandstein sind Teil eines Naturschutzgebietes und ragen rund 80 Meter am Ufer der Weser in die Höhe. Umgeben von Wald, sind sie wertvoller Lebensraum für cinc Vielzahl von Tier- und Pflanzenarten. Wanderern eröffnen sich von dort wunderbare Ausblicke.
Wieder fahren wir am linken Ufer der Weser durch Nordrhein-Westfalen, um den nächsten niedersächsischen Ort am Fluss zu erreichen. **Bodenfelde** liegt an einer Schleife der Weser, nördlich der Schwülme-Mündung und zugleich am Südrand des **Naturparks Solling-Vogler**. Eine gute Gelegenheit also, interessante Wanderungen zu unternehmen oder sich auf den Fahrradsattel zu schwingen und einige Mountainbikeparcours kennenzulernen. Für Radler auf dem **Weserradweg** ist zudem die evangelische Kirche nicht uninteressant. Sie gilt als **Radwegekirche** und steht daher auch als Rastplatz offen.
Eine weitere Radwegekirche gibt es weiter südlich in der Gemeinde **Gieselwerder**, der nächstgelegenen Ortschaft, die über eine Weserbrücke verfügt. Am Westrand von Gieselwerder, dort, wo die Landstraße in den Reinhardswald hinaufführt, befindet sich auf einer 3000 Quadratmeter großen Wiese eine **Freilichtausstellung**, bei der Miniatur-

Ausblick vom Skywalk auf die Weser

bauwerke im Maßstab 1:25 und 1:40 gezeigt werden. Nachgestellt sind Wasserburgen, Schlösser, Rathäuser der Region sowie kleine Mühlen, die durch den hiesigen Lumbach angetrieben werden.

Tipp

WESER SKYWALK

Nur ein kurzes Stück hinter dem Dreiländerpunkt gelangt man zu einem Wanderparkplatz, von wo aus der Weser Skywalk innerhalb weniger Minuten gut zu erreichen ist. Die Aussichtsplattform wurde im Jahr 2011 inmitten der Felsen der Hannoverschen Klippen errichtet. Ein Metallgerüst ragt einige Meter aus den Klippen heraus und bietet eine tolle Aussicht auf das Wesertal und auf das unten liegende Bad Karlshafen. Sie ist jederzeit frei zugänglich.

ABSCHLUSS AM BEGINN DES FLUSSES

Hann. Münden bildet den Endpunkt unserer Reise durch das Weserbergland, ausgerechnet dort, wo der Fluss seinen Ursprung hat. Denn hier treffen am Weserstein die Fulda und die Werra aufeinander und bilden den Fluss, der dem Weserbergland seinen Namen lieh. Der Name der Stadt wiederum entstand, um Verwechslungen mit dem Minden zu vermeiden, als die Ortschaft noch Münden hieß. So wurde aus Münden das Hannoversch Münden, benannt nach dem damaligen Kurfürstentum. Weil dieser Name sich aber als zu lang herausstellte, kürzte man ihn – heute amtlich genau so richtig – mit Hann. Münden ab.

Die südlichste Stadt Niedersachsens besticht durch eine **historische Altstadt**, in der sich zahlreiche Fachwerkhäuser aneinanderreihen und die schnell vom Stellplatz am Weserstein zu erreichen ist. Daneben gibt es na-

Mit entsprechenden Fahrzeugen wirkt Hann. Münden noch historischer.

türlich einige sehenswerte Bauten, die im Stil der Weserrenaissance errichtet wurden, so zum Beispiel das Rathaus. Einen sehr schönen Blick auf die Altstadt kann man von der Aussichtsplattform des rund 40 Meter hohen **Fährenpfortenturms** genießen. Er entstand vermutlich zu Beginn des 15. Jahrhunderts als Befestigung der Stadtmauer und wurde später auf seine heutige Größe erhöht, da er dazu diente, Schrotkugeln herzustellen, die im freien Fall aus großer Höhe entstehen. Sehenswert ist auch die **Blasiuskirche** aus dem 13. Jahrhundert, die auf den Grundmauern einer früheren romanischen Kirche steht. Große Bedeutung für Hann. Münden hatte ursprünglich ebenso das **Welfenschloss**, erbaut von Herzog Erich I. im 16. Jahrhundert. Sein Sohn errichtete es neu, nachdem es bei einem Brand fast vollständig zerstört wurde. Später wurde das dreiflügelige Schloss zunächst als Kaserne und anschließend als Kornspeicher genutzt. Heute sind in dem unter Denkmalschutz stehenden Gebäude mehrere städtische Einrichtungen untergebracht.

An der Nordspitze der Insel mit dem Wohnmobilstellplatz befindet sich der **Weserstein** mit der berühmten Inschrift, dass sich hier Fulda und Werra küssen. Schön anzusehen ist auch die überdachte Holzbrücke, auf der man den Mühlenarm überquert. Über eine leicht wackelige und metallene Fußgängerbrücke kann man die Insel über die Fulda wieder verlassen und eine Anhöhe des Reinhardswaldes erreichen. Denn hier erhebt sich mit der **Tillyschanze** ein weiteres Wahrzeichen von Hann. Münden. Es handelt sich um einen 26 Meter hohen Aussichtsturm, benannt nach Johann T'Serclaes von Tilly, einem Heerführer im Dreißigjährigen Krieg. Ein kleines Kuriosum ist dabei, dass der Aussichtsturm in Niedersachsen steht, die dazugehörige Waldgaststätte jedoch auf hessischem Boden.

PRAKTISCHE HINWEISE

TOURISTINFORMATIONEN

Tourist-Information Bückeburg
Lange Str. 45,
31675 Bückeburg,
Tel. 05722/20 61 80,
bueckeburg.de

Touristikzentrum Westliches Weserbergland
Marktplatz 7, 31737 Rinteln,
Tel. 05751/40 39 80,
westliches-weserbergland.de

Hameln Marketing und Tourismus
Deisterallee 1, 31785 Hameln,
Tel. 05151/95 78 23,
hameln.de

Bad Pyrmont Tourismus GmbH
Europa-Platz 1,
31812 Bad Pyrmont,
Tel. 05281/94 05 11,
badpyrmont.de

Touristinformation Bodenwerder
Münchhausenplatz 1,
37619 Bodenwerder,
Tel. 05533/405 41,
muenchhausenland.de

Touristik-Information Holzminden
Markt 2, 37603 Holzminden,
Tel. 05531/99 29 60,
stadtmarketing-holzminden.de

Tourist-Information Hann. Münden
Lotzestr. 2 (im Rathaus),
34346 Hann. Münden,
Tel. 05541/753 13,
muenden-erlebnisregion.de

STELLPLÄTZE

S 800 **Wohnmobilstellplatz Bückeburg** (S. 187 F6)
Reitweg, 31675 Bückeburg
GPS: 52.258175, 9.046213
Direkt am Schlosspark und damit im Grünen gelegener Stellplatz mit Strom sowie Ver- und Entsorgung.

S 801 **Wohnmobilstellplatz Rinteln** (S. 187 F6)
Dankerser Str. 6, 31737 Rinteln
GPS: 52.191938, 9.078048
Großer Stellplatz, nur durch eine Baumreihe von der Weser getrennt. Über die nahe gelegene Brücke ist man schnell zu Fuß in der Altstadt. Unterwegs passiert man bereits erste Einkehrmöglichkeiten. Strom sowie Ver- und Entsorgung vorhanden.

S 802 **Wohnmobilstellplatz Hameln** (S. 190 C2)
Ruthenstr. 14, 31785 Hameln,
Tel. 05151/93 10 33,
wohnmobilstellplatz-hameln.de
GPS: 52.096060, 9.358476
Halbkreisförmig angelegter Stellplatz für ca. 16 Fahrzeuge in einem Gewerbegebiet nahe der Altstadt. Strom sowie Ver- und Entsorgung vorhanden.

S 803 **Reisemobilhafen in den Emmerauen** (S. 190 B2)
Hauptmann-Boelke-Weg,
31812 Bad Pyrmont,
Tel. 05281/94 05 11,

Bückeburgs Stellplatz umgeben von Bäumen

Direkt an der Weser übernachtet …

… man in Bodenwerder.

badpyrmont.de
GPS: 51.979052, 9.253542
Großer Stellplatz für über 60 Wohnmobile auf schotterigem Untergrund neben dem Tierpark und nahe dem Erlebnisbad Pyrmonter Welle. Die Kuranlagen sind gut erreichbar. WLAN, Ver- und Entsorgung vorhanden. Im Preis ist auch der Eintritt in das Erlebnisbad enthalten.

S 804 **Wohnmobilstellplatz Bodenwerder** (S. 190 C2)
Am Mühlentor,
37619 Bodenwerder,
Tel. 0176/80 06 73 95
GPS: 51.979840, 9.518170
Ruhige Ortsrandlage, mit nur wenigen Schritten ist man direkt an der Weser. Das kleine Zentrum des Münchhausenortes ist in wenigen Augenblicken zu Fuß erreicht. Sanitär, Ver- und Entsorgung sowie Strom vorhanden.

S 805 **Mobilcamping Holzminden** (S. 190 C3)
Stahler Ufer 16 a,
37603 Holzminden,
Tel. 05531/99 09 65,
mobilcamping.de
GPS: 51.826934, 9.439839
Großer Stellplatz mit verschiedenen Bereichen, teilweise direkt am Weserufer genau gegenüber der Ortschaft, die über eine Brücke erreichbar ist. Strom, Ver- und Entsorgung sowie Sanitär vorhanden.

S 806 **Wohnmobilstellplatz Lauenförde** (S. 190 C4)
Würgasser Str. 990,
37697 Lauenförde,
Tel. 05273/21836,
yachthafen-dreilaendereck.de
GPS: 51.651202, 9.376322
Sehr ruhige Lage an einem Jachthafen an der Weser. Mit Sanitäranlagen und Brötchenservice.

S 807 **Wohnmobilstellplatz Weserstein** (S. 190 D6)
Tanzwerder,
34346 Hann. Münden
GPS: 51.420313, 9.648730

Zentral gelegen und doch naturnah

Stellflächen in Bodenwerder

Rintelns Stellplatz ist stets gut besucht.

Kurzer Weg zur Altstadt

Teil eines rummeligen Großparkplatzes, aber ideale Lage, um über eine überdachte Holzbrücke in die malerische Altstadt zu gelangen. Am Ende der Insel befindet sich der Weserstein, wo Werra und Fulda zusammenfließen.

CAMPINGPLÄTZE

C 808 **Campingplatz Hameln** (S. 190 C2)
Uferstr. 80, 31787 Hameln,
Tel. 05151/674 89,
campingplatz-hameln.de
GPS: 52.109100, 9.347476
Am Weserufer gelegener, klassischer Campingplatz in Ortsrandlage, dennoch ist die Rattenfängerstadt gut erreichbar.

C 809 **Campingplatz Himmelspforte** (S. 190 C2)
Ziegeleiweg 1, 37619 Bodenwerder, Tel. 05533/49 38,
camping-weserbergland.de
GPS: 51.958718, 9.503455
Großer Campingplatz, der sich weit am rechten Weserufer erstreckt und viel Ruhe bietet. Rund 20 Minuten Fußweg und schon ist man in der Altstadt.

C 810 **Campingplatz Bad Karlshafen** (S. 190 C4)
Am rechten Weserufer 2,
34385 Bad Karlshafen,
Tel. 05672/710,
camper-karli-event.de
GPS: 51.643881, 9.447495
Der Campingplatz befindet sich zwar auf hessischer Seite, aber liegt direkt am Dreiländereck der drei Bundesländer und man kommt kaum an ihm vorbei, wenn man an der Weser entlangreist. Der Platz ist enorm groß und bietet nicht nur einen Shop für Womo-Zubehör, sondern auch eine Werkstatt, in der das frisch Erworbene gleich eingebaut werden kann.

C 811 **Campingplatz Hann. Münden** (S. 190 D6)
Tanzwerder 1,
34346 Hann. Münden,
Tel. 05541/122 57,
camping-und-kanu.de
GPS: 51.416198, 9.647481
Der Platz liegt auf einer Nachbarinsel wie die des Stellplatzes. Daher ebenfalls sehr guter Ausgangspunkt für eine Stadtbesichtigung.

Camping an der Weser ist immer ein Genuss.

Bei Flut reicht das Wasser der Nordsee in Harlesiel bis kurz vor die Motorhaube.

REISEINFOS VON A BIS Z

Ein wenig nützliches Wissen vorab sorgt für stressfreies Reisen mit dem Wohnmobil.

In Bremerhaven kann man auch schon mal größere Schiffe beobachten.

ANREISE

Niedersachsen nimmt nach Bayern den zweiten Platz ein, was die Größe der deutschen Bundesländer betrifft. Wer von Süd nach Nord möchte oder umgekehrt, wird entweder Niedersachsen oder Brandenburg durchqueren müssen. Anders geht es nicht. Daher werden die meisten Deutschen schon mal niedersächsischen Boden bereist haben. Das liegt nicht zuletzt an den wichtigen Verkehrsadern, die sich durch Niedersachsen ziehen. Die A 1 durchquert das Bundesland zwischen den wichtigen Metropolregionen Hamburg und Ruhrgebiet, während die A 7 als Deutschlands längste Autobahn von Flensburg nach Füssen verläuft und zwischen Hamburg und Göttingen an der Landeshauptstadt Hannover vorbeiführt. Dort trifft sie übrigens auf die A 2, eine der wichtigsten West-Ost-Durchquerungen Deutschlands. Niedersachsen zu umgehen oder zu verfehlen ist also außerordentlich schwierig. Im Umkehrschluss bedeutet das, dass das Bundesland aus allen Ecken Deutschlands leicht zu erreichen ist. Und wer glaubt, Niedersachsen liege »irgendwie da oben links auf der Karte«, der irrt. Was einem nämlich oft erst beim Blick auf die Karte auffällt, ist die Tatsache, dass Niedersachsen näher an Bayerns nördlichstem Punkt und den bayerischen Städten Würzburg, Bamberg oder Bayreuth liegt als München.

Innerhalb des Bundeslandes kommen nicht mehr ganz so viele Autobahnen hinzu. Die A 31 ist ganz im Westen eine wichtige Verbindung für die Menschen aus dem Ruhrgebiet, die mal eben nach Ostfriesland möchten. Die Autobahnen 27, 28 und 29 verbinden wiederum die wichtigsten Städte Niedersachsens und das eingeschlossene Bundesland Bremen inklusive Bremerhaven. Die A 30 kratzt ein wenig den Süden des Bundeslandes an und die A 39 gibt es in zwei Stücken: einmal im Norden von Hamburg nach Lüneburg und weiter im Süden, wo die Städte Wolfsburg, Wolfenbüttel und Braunschweig miteinander verbunden werden. Das war es dann auch schon. Dazwischen bleiben zahlreiche Bundes- und Landstraßen.

CAMPINGPLATZ UND WOHNMOBILSTELLPLATZ

Campingplätze und Wohnmobilstellplätze unterscheiden sich üblicherweise darin, dass Wohnmobilstellplätze – wie der Name es schon andeutet – nur für Wohnmobile gedacht sind. Zelturlauber und Reisende mit einem Wohnwagengespann sind auf Wohnmobilstellplätzen oftmals nicht erlaubt, was meist baurechtliche Gründe hat. In manchen Fällen gibt es auf solchen Plätzen weder Möglichkeiten, Heringe in den Boden zu schlagen, noch ausreichend Platz für lange Gespanne. Das gilt insbesondere für kommunale Wohnmobilstellplätze, die oftmals nur am Rande eines bereits bestehenden Parkplatzes eingerichtet wurden.
Diese Art von Wohnmobilstellplatz ist nicht mit denen von privaten Betreibern zu vergleichen, die wiederum mehr Komfort anbieten bzw. anbieten müssen. Denn nach niedersächsischer Bauordnung müssen Wohnmobilstellplätze Toiletten aufweisen, wenn man den Gästen ermöglichen möchte, die Markise auszufahren. Denn sonst würde es sich nur um einen Parkplatz handeln, so heißt es. Wie das im Einzelnen ausgelegt wird, sieht man dann vor Ort.
Grundsätzlich gilt, dass der Charakter eines Wohnmobilstellplatzes darin besteht, sich unkompliziert und oftmals kontaktlos anmelden sowie den Platz rund um die Uhr befahren zu können, ohne dass spezielle Anreisezeiten oder Mittagspausen zu beachten sind. Wer aber Urlaub mit Zelt oder Wohnwagengespann bevorzugt, ist auf einem klassischen Campingplatz willkommen.

ENTSORGUNGSSTELLEN

Es ist auf jeden Fall zu unterlassen, das Grauwasser oder die Chemie-Toilette am Straßenrand oder in die Natur zu entleeren. Die Entsorgung erfolgt ausschließlich in dafür vorgesehene Entsorgungsstellen auf Campingplätzen oder Wohnmobilstellplätzen. Will man dort nicht übernachten, kann man in der Regel trotzdem sein Abwasser zurücklassen. Hier hilft es auf jeden Fall, zu fragen. Die meisten Betreiber erwarten einen kleinen Obolus, denn die Errichtung der Entsorgungsstellen ist eine hohe Investition. Schön wäre es, gleich dort zu übernachten und damit die lokale Wirtschaft zu unterstützen. Gerade private Anbieter haben sehr viel Geld investiert, um die Möglichkeit einer ruhigen, sicheren und schönen Übernachtung zu schaffen.

FAHRRAD

Auf keinen Fall sollte man das Fahrrad im heimischen Keller vergessen. Wenn doch, wird man gerade in den touristischen Hochburgen schnell auf einen Fahrradverleih treffen. Das Emsland, aber auch Ostfriesland, die Ufer der Elbe und der Weser sind geradezu prädestiniert, um vom Wohnmobilstellplatz oder Campingplatz Ausflüge mit dem Rad zu unternehmen. Und selbst im gebirgigen Harz laden Bike-Parks dazu ein, die Region auf einem Mountainbike zu ent-

Niedersachsen ist mit Tourist Informationen gut aufgestellt.

decken, wobei ein E-Bike in den hügeligen Landschaften von Vorteil ist. Auch in den Städten ist das Fahrrad teilweise eine gute Wahl, um vom Übernachtungsplatz zu den Sehenswürdigkeiten zu gelangen. Hilfreich sind sowohl in der Stadt als auch auf dem Land die Knotenpunktsysteme, mit denen man durch »Radeln nach Zahlen« durch die Landschaft zieht.

GESCHWINDIGKEITEN FÜR WOHNMOBILE

Für kleine Wohnmobile und Kastenwagen, sprich Fahrzeuge bis 3,5 Tonnen, gelten in Deutschland die gleichen Regelungen wie für Pkws: auf Landstraßen also maximal 100 km/h und auf Autobahnen eine Richtgeschwindigkeit von 130 km/h. Wohnmobile bis 7,5 Tonnen dürfen außerorts nur 80 km/h und auf Autobahnen 100 km/h fahren. Größere Wohnmobile mit einem Gewicht von über 7,5 Tonnen dürfen außerorts maximal 60 km/h und auf Autobahnen nur 80 km/h fahren.

GRILLEN

Das liebste Hobby eines Campers ist meist das Grillen. Mit Holzkohle ist das Grillen üblicherweise auf den meisten Plätzen verboten. Gegen Gas- oder Elektrogrills gibt es selten Einwände. Ein offenes Feuer ist natürlich nur an vorgesehen Feuerstellen möglich.

Auch Störche lassen sich in Niedersachsen beobachten.

INFORMATIONEN

In vielen Ortschaften und Städten helfen Touristinformationen bei der weiteren Planung und beim Aufenthalt vor Ort. Auch an den Rezeptionen der Campingplätze erhält man zahlreiches Material über die jeweilige Region. Ansonsten bleibt noch der Weg ins Internet, wo sich jede Ortschaft umfangreich vorstellt. Die Touristinformationen werden mitsamt ihrer Adresse und Webseite am Ende jeder Route erwähnt. Städte- und regionenübergreifend informiert natürlich auch das offizielle Tourismusportal für Niedersachsen unter reiseland-niedersachsen.de.

MÜNZEN

Bei den meisten Wohnmobilfahrern hat es sich bewährt, im Handschuhfach ein paar Münzen mit sich zu führen. Damit können die Ticketautomaten oder die Stromzähler auf den Wohnmobilstellplätzen gefüttert werden. Auch für die Entnahme von Wasser werden oftmals Münzen benötigt, erst recht, wenn dankenswerterweise auch kleine Wasserabgaben möglich sind.

ÖFFENTLICHE VERKEHRSMITTEL

Ein einheitliches Verkehrsnetz gibt es in Niedersachsen leider nicht, da es mehrere Verkehrsverbünde gibt, zu denen sich die Verkehrsbetriebe zusammengeschlossen haben. So ist es nicht immer ganz einfach, das richtige Ticket zu finden, um von einer Stadt in die nächste zu gelangen. Sehr hilfreich ist jedoch das Niedersachsen-Ticket, mit dem man den ganzen Tag lang mit mehreren Personen durch das Bundesland reisen kann.

SEHENSWÜRDIGKEITEN

Viele Sehenswürdigkeiten und Attraktionen in Niedersachsen sind mit dem Wohnmobil gut erreichbar. Meist stehen ausreichend Parkplätze zur Verfügung. Wenn nicht, dann ist der nächste Wohnmobilstellplatz oder Campingplatz meist nicht weit entfernt. Neben den üblichen Eintrittsgeldern kommen in vielen Ortschaften noch Kosten für die sogenannte Kurtaxe hinzu. So können die Strände an der niedersächsischen Küste zum Beispiel nicht kostenfrei betreten werden.

UMWELTZONE

Die derzeit (Stand 31.05.2022) vorhandenen Umweltzonen in Niedersachsen sind alle in der sogenannten Stufe 3 und erfordern daher ausnahmslos eine grüne Plakette für das Wohnmobil. Das betrifft allerdings nur die Städte Hannover und Osnabrück. Aktuelle Informationen finden sich auf der Webseite des Umweltbundesamtes: umweltbundesamt.de.

Immer wieder trifft man auf maritime Themen und Sehenswürdigkeiten.

WANDERN

Niedersachsen bietet zahlreiche Wandermöglichkeiten und es lohnt sich, die Wanderschuhe mit in das Wohnmobil zu packen. Im Hinblick auf die Beschaffenheit der Wanderregionen gibt es jedoch erhebliche Unterschiede. Während man im Harz oder im Weserbergland Anstiege zu bewältigen hat und stets auf und ab wandert, finden Wandertouren im Emsland oder Ostfriesland beinahe steigungslos statt. Dort wandert man vielmehr durch Moorlandschaften oder zwischen weiten Feldern und an der Küste. Eine beliebte Wanderregion ist die Lüneburger Heide, die einen Mittelweg geht: Sie bietet keine Küste, keine Moore und auch keine hohen Berge, stattdessen besticht hier die malerische Heidelandschaft, die man auf breiten, weichen Wanderwegen am besten im Spätsommer aufsucht, wenn die Heide blüht. Die meisten Wandertouren in Niedersachsen sind für jedermann zu schaffen, der ein wenig Wandererfahrung und Kondition mitbringt. Zahlreiche Täler, kleinere Gipfel und lange Strecken lassen sich für eine wunderbare Tagestour von den Campingplätzen, Stellplätzen und Parkplätzen aus bequem erreichen. Bei allen Wanderungen gilt natürlich immer, dass man sich nur mit entsprechender Kleidung und Verpflegung auf den Weg macht. Dazu gehören in erster Linie festes Schuhwerk, eine (Regen-)Jacke und Proviant.

Es muss nicht immer gleich die Küste sein. Das Steinhuder Meer ist auch ein lohnendes Ziel.

PACK- UND CHECKLISTEN

Gut vorbereitet gelingt die Wohnmobilreise am besten. Hier einige Tipps, was nicht fehlen darf und was vor und während der Tour überprüft werden sollte.

CAMPING-PACKLISTE

ALLGEMEIN

DIE BORDAPOTHEKE

- ◯ Persönliche Medikamente
- ◯ Sonnenschutz und After-Sun
- ◯ Mücken- / Zeckenschutz
- ◯ Erste-Hilfe-Set / Wundpflege
- ◯ Ohrstöpsel

HYGIENE AN BORD

- ◯ Toilettenpapier
- ◯ Kosmetikartikel
- ◯ Handwaschmittel
- ◯ Hand- und Duschtücher

DER KLEIDERSCHRANK

- ◯ Kleidung für alle Einsätze
- ◯ Badesachen
- ◯ Wetterfeste Regenkleidung
- ◯ Schuhe

DIE AUSSTATTUNG ZUM WOHNEN AUF DEM CAMPINGPLATZ

- ◯ gemütliche Campingmöbel
- ◯ Sonnenschutz (verspannbar)
- ◯ Windlichter und evtl. Lichterkette
- ◯ Kuscheldecke für kühle Abende
- ◯ Wäscheleine und -klammern
- ◯ Grill und Feuerschale
- ◯ Hängematte
- ◯ Strandtuch

ESSENZIELLES

- ◯ Reisepass nach Bedarf
- ◯ Kfz-Schein
- ◯ Grüne Versicherungskarte
- ◯ Schutzbrief eines Automobilclubs oder Versicherung
- ◯ Bargeld in kleinen Scheinen
- ◯ Personalausweis
- ◯ EC- und Kreditkarten

NOTIZEN

....

....

....

....

....

....

CHECKLISTE

CAMPERKÜCHE

GRUNDAUSSTATTUNG

- ◯ Teller, Schüsseln und Schalen
- ◯ Besteck und Küchenmesser
- ◯ Trinkgefäße
- ◯ Pfannen & Töpfe
- ◯ Schneidebrett aus Holz
- ◯ Korkenzieher, Flaschen- und Dosenöffner, Schere
- ◯ Küchenpapier, Alufolie
- ◯ Aufbewahrungsdosen in verschiedenen Größen (stapelbar)
- ◯ Mülltüten (kleine und große)
- ◯ Spülschüssel, Geschirrtücher, Spülmittel
- ◯ Handfeger für den Innenraum
- ◯ Feuerzeug, Streichhözer
- ◯ Ökologisches Putzmittel

GRUNDAUSSTATTUNG NAHRUNGSMITTEL

- ◯ Kaffee und Tee
- ◯ Gewürze, Salz, Pfeffer, Zucker
- ◯ Trinkwasser

PACKLISTE KÜCHE KOMFORTABEL

- ◯ Topflappen
- ◯ Schneebesen
- ◯ Sieb: klein und feinmaschig
- ◯ Reibe: grob und fein
- ◯ Backpinsel
- ◯ Küchenwaage
- ◯ Knoblauchpresse
- ◯ Pfeffermühle
- ◯ Teigschaber für Bäcker/innen
- ◯ Gemüseschäler

NOTIZEN

PACKLISTEN FÜR ALLE FÄLLE

KINDER | WERKZEUG | BELEUCHTUNG

MIT KINDERN UNTERWEGS – WICHTIGER KINDERKRAM

- ◯ Schnorchelzeug und Flossen und / oder Schwimmhilfen, Sonnenschutz
- ◯ Neoprenanzüge bei kalten Wassertemperaturen
- ◯ Fahrräder, Roller, Skateboards und andere Sportgeräte
- ◯ Kleine Boxen zum Sammeln von Fundstücken
- ◯ Großes Reisetagebuch, in dem alle mitschreiben und malen, Stifte
- ◯ Hängematte mit Mückennetz ist fast ein Garant für Mittagsschlaf
- ◯ Musik, Bücher und Hörspiele
- ◯ Taschenlampen, Stirnlampen (für jedes Kind eine eigene)
- ◯ Fernglas, Kompass, Taschenmesser
- ◯ Reisespiele und Tablet mit Spielen und Filmen

IMMER DABEI: WERKZEUG-GRUNDAUSSTATTUNG

- ◯ Ein Multitool / Bitkasten mit vielen verschiedenen Schraubenziehern, Inbus- und Steckschlüsseln
- ◯ Dose WD40 oder Ballistol Universalspray: Diese »Geheimwaffen« lösen verrostete Schrauben, schmieren die quietschende Markise oder verhindern das Vereisen der Türgummis u. Ä.
- ◯ Panzertape (gewebeverstärktes Universalklebeband)
- ◯ Kfz-Sicherungen aller Art
- ◯ Sekundenkleber
- ◯ Universalzange
- ◯ Klappspaten (Befreiung aus sandigen, tiefschotterigen Untergründen)
- ◯ Hammer
- ◯ Kabelbinder und stabile Schnüre

BELEUCHTUNG ALLER ART ZUM WOHLFÜHLEN

- ◯ Lichterketten
- ◯ Leselampen
- ◯ Kerzen bzw. Windlichter

NOTIZEN

....

....

....

....

....

PACKLISTEN FÜR ALLE FÄLLE

BEHÄLTER | SAUBERKEIT

TIPP: VERSCHIEDENE BEHÄLTER AN BORD

- ◯ Ein kleiner Rucksack für die Fährfahrt, den Tagesausflug zum Sightseeing
- ◯ Ziploc-Beutel, mit denen man beispielsweise das Handy gut gesichert an den Strand nehmen kann
- ◯ Kleine Müllbeutel für den täglichen Müll
- ◯ Große Müllbeutel für das schnelle Aufbewahren von nassem Badezeug oder noch feuchter Wäsche. Außerdem auch gut, um gesammeltes Feuerholz aufzubewahren.

SAUBERKEIT SCHAFFT FRIEDEN

- ◯ Faltschüssel zum Abspülen und Wäschewaschen in den manchmal nicht so sauberen Sanitäranlagen der Campingplätze. Damit kann man außerdem gut das Geschirr transportieren.
- ◯ Öko-Allzweckreiniger und Öko-Spülmittel
- ◯ Schwämme
- ◯ Küchenrolle
- ◯ Fußmatte (für den größten Schmutz, kann schnell ausgeschüttelt werden)
- ◯ Handwaschmittel
- ◯ Waschmittel in Einzelportionen

NOTIZEN

CHECKLISTE

FÜR EIN GEMIETETES WOHNMOBIL

Da die Kaution für ein Mietmobil nicht unerheblich und schon im kleinsten Schadensfall verloren ist, sollte das Fahrzeug vor der Übernahme genauestens überprüft werden. Vor allen Dingen der Wohnmobil-Neuling sollte sich die Funktionen ganz genau erklären lassen, um für den Urlaub gut gerüstet zu sein. Empfehlenswert ist es, folgende Checkliste mitzunehmen, Punkt für Punkt abzuhaken und vom Vermieter unterschreiben zu lassen.

AUSSEN

- ◯ Beschädigungen an Karosserie, Stoßfängern, unter den Stoßfängern, auf Scheiben
- ◯ Reifenzustand, evtl. einseitige Abnutzung, Luftdruck
- ◯ Dach, Einschläge durch herabfallende Teile
- ◯ Gepäckträger bzw. Fahrradträger auf dem Kugelkopf auf Funktion prüfen
- ◯ Warntafel vorhanden
- ◯ Umweltplaketten vorhanden
- ◯ Markise, Abspannbänder vorhanden
- ◯ Unterlegkeile

INNEN

- ◯ Gereinigter Zustand
- ◯ WC und Bad in Ordnung, WC-Kassette geleert
- ◯ Küche sauber, Kochfeld
- ◯ Besteck auf Vollständigkeit prüfen
- ◯ Töpfe und Pfannen, Gläser, Geschirr
- ◯ Kühlschrank auf Funktion prüfen bei a) Landstrom, b) Gas, c) Lichtmaschine automatische Umschaltung
- ◯ Heizung bzw. Warmwasseraufbereitung prüfen, Boiler füllen und entleeren, Funktion des automatischen Ablasses erklären lassen
- ◯ Auslasshähne in Bad, Küche auf Funktion Warm-/Kaltwasser prüfen, inkl. Duschkopf
- ◯ Elektro-Sicherung und Fehlerschalter prüfen
- ◯ Sitze und Möbel auf Abnutzung, bzw. Beschädigung oder Verunreinigung prüfen
- ◯ Matratzen auf Sauberkeit prüfen
- ◯ Campingstühle und Tisch

TECHNIK

- ◯ Motoröl
- ◯ Kühlflüssigkeit
- ◯ Scheibenwaschwasser
- ◯ Bremsflüssigkeit
- ◯ 2 volle Gasflaschen
- ◯ Frischwassertank
- ◯ Abwassertank, Ablassventil
- ◯ Funktion der Scheibenheber, Spiegeleinstellung und Rückfahrkamera
- ◯ Reparaturkit für Reifen
- ◯ Warndreieck, Warnwesten, Verbandskasten
- ◯ Werkzeug
- ◯ Kompletter Schlüsselsatz, am besten zweifach
- ◯ CE-Stecker und Kabeltrommel

CHECKLISTE

BEI VERLASSEN DES CAMPINGPLATZES

AUSSEN

- ◯ Ist der Stromstecker gezogen?
- ◯ Ist die Kabeltrommel verstaut?
- ◯ Ist die Trittstufe eingefahren?
- ◯ Wurde die Fußmatte schon hineingeräumt?
- ◯ Liegt das Solarpaneel schon im Kofferraum?
- ◯ Ist die Wäscheleine eingepackt?
- ◯ Sind alle Campingmöbel im Fahrzeug verstaut?
- ◯ Wurde aller Müll vom Platz geräumt?

OBEN

- ◯ Ist die TV-Schüssel eingefahren?
- ◯ Sind die Dachboxen fest verschlossen?
- ◯ Ist das Aufstelldach geschlossen und verriegelt?

UNTEN

- ◯ Ist man von den Auffahrkeilen heruntergefahren?
- ◯ Sind die Keile auch wirklich eingepackt?
- ◯ Liegen vielleicht noch die Gummitiere unter dem Auto?

INNEN

- ◯ Fest verriegelt?
- ◯ Ist der Kühlschrank verriegelt? Bei Bedarf schon auf 12 V umgestellt?
- ◯ Sind wirklich alle Schränke und Schubladen geschlossen?

NOTIZEN

Vom Campingplatz in Bensersiel sind es nur wenige Schritte bis zum Wattenmeer.

Oyster
TELECO
Dethleffs
Magic

REGISTER

PS: WAS ICH NOCH SAGEN WOLLTE ...

Wie schon zu Beginn des Womo-Reiseführers beschrieben, ist Niedersachsen außerordentlich vielfältig. Wenn man durch einen der kleinen Orte im westlichen Harz reist, glaubt man kaum, dass man im selben Bundesland unterwegs ist, in dem man auch an der flachen Küste stehen kann, um auf die Nordsee zu blicken. Und selbst die Küste sieht zweimal täglich anders aus, wenn nämlich das Wasser auf spannende Art verschwindet und das Wattenmeer zum Vorschein bringt.

Genau dorthin zieht es die meisten Menschen, die nach Niedersachsen fahren – ans Meer. Dabei hat das Bundesland so viel mehr zu bieten und es wäre wirklich schade, das Hinterland außen vor zu lassen. Daher sollte man bei einer Fahrt an die Küste wenigstens einen zusätzlichen Tag bei der An- oder Abreise einplanen, um einen Zwischenstopp im Emsland, in der Lüneburger Heide, im Saterland, im Münsterland, im Wendland, an der Elbe oder an der Weser zu machen. Auch dort gibt es so viel zu entdecken und Gelegenheiten zur Erholung, dass man gar nicht zwischen den beiden Extremen, Meer oder Berge, entscheiden muss.

Viel Spaß
Michael Moll

UNSER NACHHALTIGKEITSKODEX

Die Welt birgt viele Wunder, Abenteuer und spektakuläre Aussichten, die wir gerne erkunden möchten. Doch sie ist auch leicht aus dem Gleichgewicht zu bringen. Hier ein paar Tipps, wie wir unsere Welt nachhaltig entdecken können:

- **Abfall wieder mitnehmen:** Plastikverpackungen jeglicher Art, Dosen, Flaschen und Papiertaschentücher (es dauert Jahre, bis sich ein einzelnes Taschentuch vollständig abgebaut hat!) gehören nicht in die Natur, sondern artgerecht entsorgt. Dazu zählen natürlich auch Toilettenpapier und der Inhalt von (Chemie-)Toiletten. Entsprechende Entsorgungsstationen finden sich überall.

- **Ressourcen gewissenhaft nutzen:** Manche Umweltressourcen sind bereits knapp, endlich sind auf jeden Fall alle. Um sie zu schonen, sollten wir sparsam mit ihnen umgehen, gerade in Gegenden, in denen zum Beispiel Wasser oder Strom nicht im Überfluss vorhanden sind.

- **Ein guter Gast sein:** Nachhaltig unsere Umgebung zu erkunden bedeutet auch, der hiesigen Flora und Fauna mit Respekt zu begegnen. Pflanzen sollten auf keinen Fall gepflückt werden, aber sie stehen uns bestimmt gerne Modell für das eine oder andere Foto. Das Gleiche gilt für wilde Tiere: Wir füttern sie nicht, halten Abstand und beobachten sie aus der Ferne.

- **Lokal kaufen:** Dadurch lernen wir nicht nur Land und Leute besser kennen und unterstützen die regionale Wirtschaft, sondern können auch so unsere Campingküche mit frischen Produkten nachhaltig gestalten.

- **Flexibel bleiben:** Camper sind keine Rudeltiere. Wir schonen die Natur auch, indem wir einen Ort nicht geballt belasten. Einen tollen Stellplatz entdeckt? Wir behalten es für uns und teilen ihn am besten nicht mit der Öffentlichkeit. Übrigens gibt es inzwischen vielerorts auch nachhaltige Campingplätze.

- **Umweltbewusst fahren:** Reisen mit dem Auto oder Womo sind grundsätzlich umweltfreundlicher als mit dem Flugzeug, dennoch können wir noch mehr tun und zum Beispiel den Kraftstoffverbrauch minimieren, indem wir vorausschauend fahren, so wenig Last wie möglich mit uns führen und die Umgebung vor Ort mit dem Fahrrad oder zu Fuß erkunden.

- **Nur dort parken und campen, wo es erlaubt ist:** Selbst wenn wir uns noch so vorbildlich verhalten und unseren Aufenthaltsort so hinterlassen, wie wir ihn vorgefunden haben, stören wir den Lebensraum von Wildtieren und hinterlassen Spuren und Gerüche. Auch Lagerfeuer entzünden wir ausschließlich an den dafür vorgesehenen Stellen und achten dabei auf Waldbrandstufen und Naturschutzgebiete.

Nicht in New York, sondern in Wilhelmshaven überquert man diese Brücke, die an die Brooklyn Bridge erinnert.

STRASSEN-ATLAS

Die acht Routen im Überblick – mit eingezeichneten Übernachtungsmöglichkeiten mit dem Wohnmobil auf Stell- oder Campingplatz

EURA MOBIL

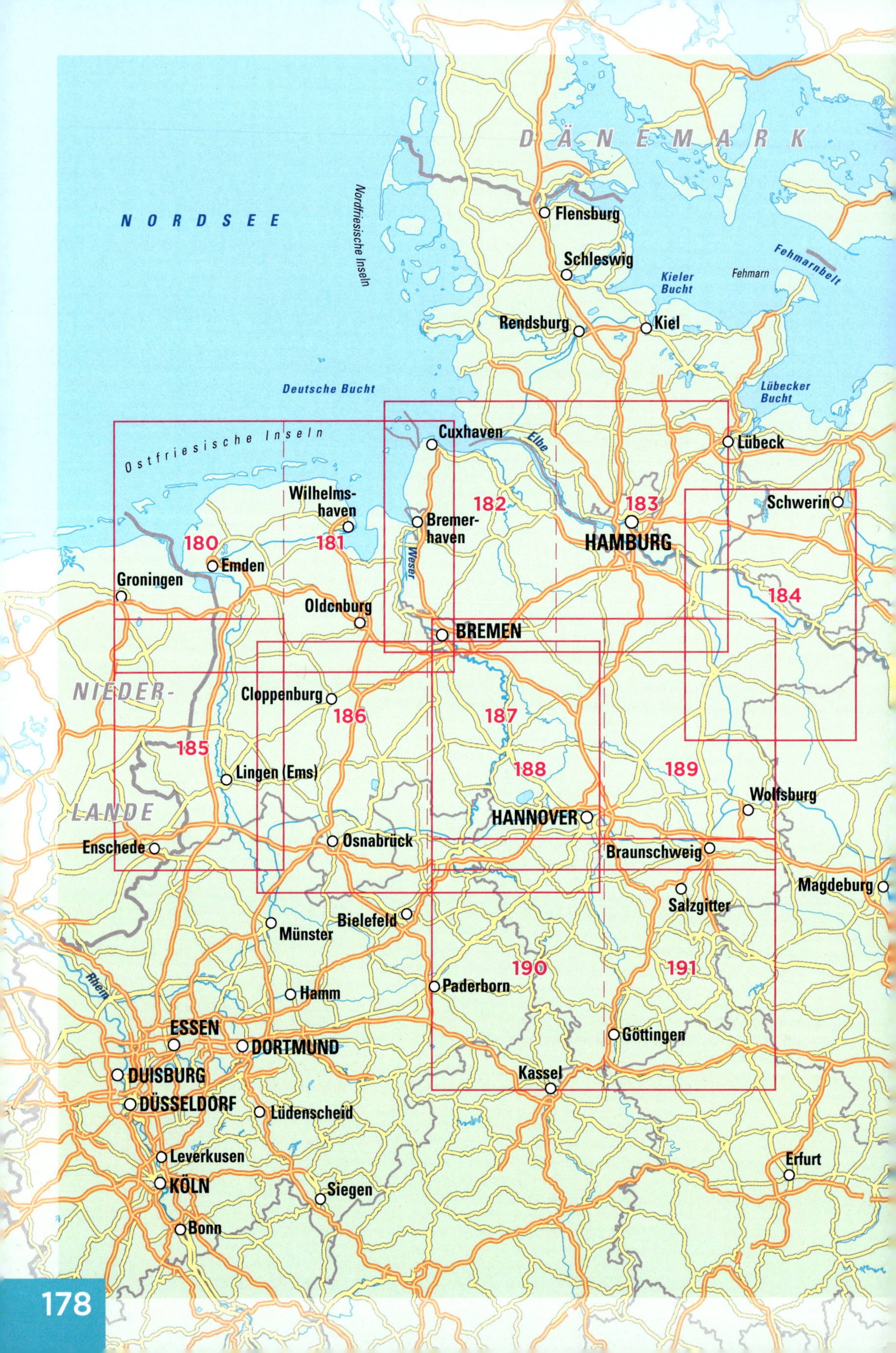

NORDSEE
DÄNEMARK
Nordfriesische Inseln
Flensburg
Schleswig
Kieler Bucht
Fehmarn
Fehmarnbelt
Rendsburg
Kiel
Lübecker Bucht
Deutsche Bucht
Ostfriesische Inseln
Cuxhaven
Elbe
Lübeck
Wilhelms-
haven
182
183
Schwerin
Bremer-
haven
180
181
HAMBURG
Emden
Weser
Groningen
184
Oldenburg
BREMEN
NIEDER-
Cloppenburg
186
187
185
188
189
Lingen (Ems)
Wolfsburg
LANDE
HANNOVER
Enschede
Osnabrück
Braunschweig
Magdeburg
Salzgitter
Münster
Bielefeld
Rhein
190
191
Paderborn
Hamm
ESSEN
DORTMUND
Göttingen
DUISBURG
Kassel
DÜSSELDORF
Lüdenscheid
Leverkusen
Erfurt
KÖLN
Siegen
Bonn

LEGENDE

- Route 1 - TIEF IM WESTEN DURCH DAS FLACHE LAND
- Route 2 - ZUM TEETRINKEN ANS WATTENMEER IN OSTFRIESLAND
- Route 3 - DURCH DAS MARSCHLAND ZUM ALTEN LAND
- Route 4 - AUF STÄDTETOUR AN DER MITTELWESER
- Route 5 - RUND UM DIE LÜNEBURGER HEIDE
- Route 6 - DURCH DIE ELBTALAUE
- Route 7 - SIGHTSEEING IM OSTEN
- Route 8 - UNTERWEGS IM WESERBERGLAND

A 7	Autobahn mit Anschlussstelle
75	Schnellstraße
	Fernstraße
	Nebenstraße
	Sonstige Straße
	Fahrweg
	Eisenbahn
	Flüsse
	See
	Bebauung
	Natur-, Nationalpark
	Staatsgrenze

C 10	Campingplätze
S 10	Stellplätze
	Sehenswürdigkeit - Kultur
	Sehenswürdigkeit - Natur
	Kirche, Kloster
	Klosterruine
	Schloss
	Schlossruine
	Museum
	Höhle
	Windmühle
	Leuchtturm
	Hünengrab
	Aussichtspunkt
	Flughafen

HUBER KARTOGRAPHIE

N

0 50 km

1 : 450.000

A
B
C
D
1
2
3
4
5
6
Ostfriesische
Langeoog
Norderney
Baltrum
Langeoog
Neuharlin
Norderney
Baltrum
C 219
C 220
Juist
C 218
S 209
Juist
Junkersrott
Neßmer-
siel
Dornumer-
siel
Bensersiel
S 207
2
Borkum
Memmert
Norddeich
Hage
S 210
Borkum
C 217
Norden
Groß-
heide
Westerholt
Lütje Hörn
S 208
72
Blomberg
Leybucht
Neuwesteel
Rottumeroog
Upgant-Schott
Ostfri
S 206
Zwillingsmühlen
Südbrookmer-
land
Plaggen-
burg
Greetsiel
Wirdum
Aurich
Brock
Roode-
school
Ostfriesisches
Freilichtmuseum
210
Schiefer Turm
von Suurhusen
Loppersum
Westerende-
-Kirchloog
Großes
Meer
S 203
Ems-J
squert
Pewsum
Menkemaborg
C 216
S 204
Mitte-
großefehn
Wie
Warffum
Hinte
Riepe
Spijk
Rysum
ddelstum
't Zandt
33
Emden
2
72
Bagba
46
Loppersum
31
Neukamper-
fehn
Delfzijl
Wybelsum
S 205
Bedum
Stedum
Appingedam
C 215
Oldersum
Ten Post
Pogum
Neermoor
Hesel
360
Ten Boer
Steendam
Ditzum
362
Dollart
Groningen
387
Jemgum
C 214
Slochteren
Nieuwolda
Filsum
Leer
S 202
A7
Bunde
280
436
Ems
Haren
Hooge-
zand
Sappe-
meer
Winschoten
Boen
Weener
438
S 10
Wymeer
Bellingwolde
Rhauderfehn
Zuidlaren
Veendam
Oude Pekela
Stapelmoor
S 109
385
Hunebert
Papenburg
Wildervank
Nieuwe
Pekela
Wedde
Rhede
S 107
Burla
Anloo
34
C 116
365
S 1
33
Onstwedde
Vlagtwedde
Aschendorf
1
Eext
Bock
ssen
Gieten
70
378
Heede
401
A
B
C
D
Gasselte
374
366
Neulehe
Esterwegen
185

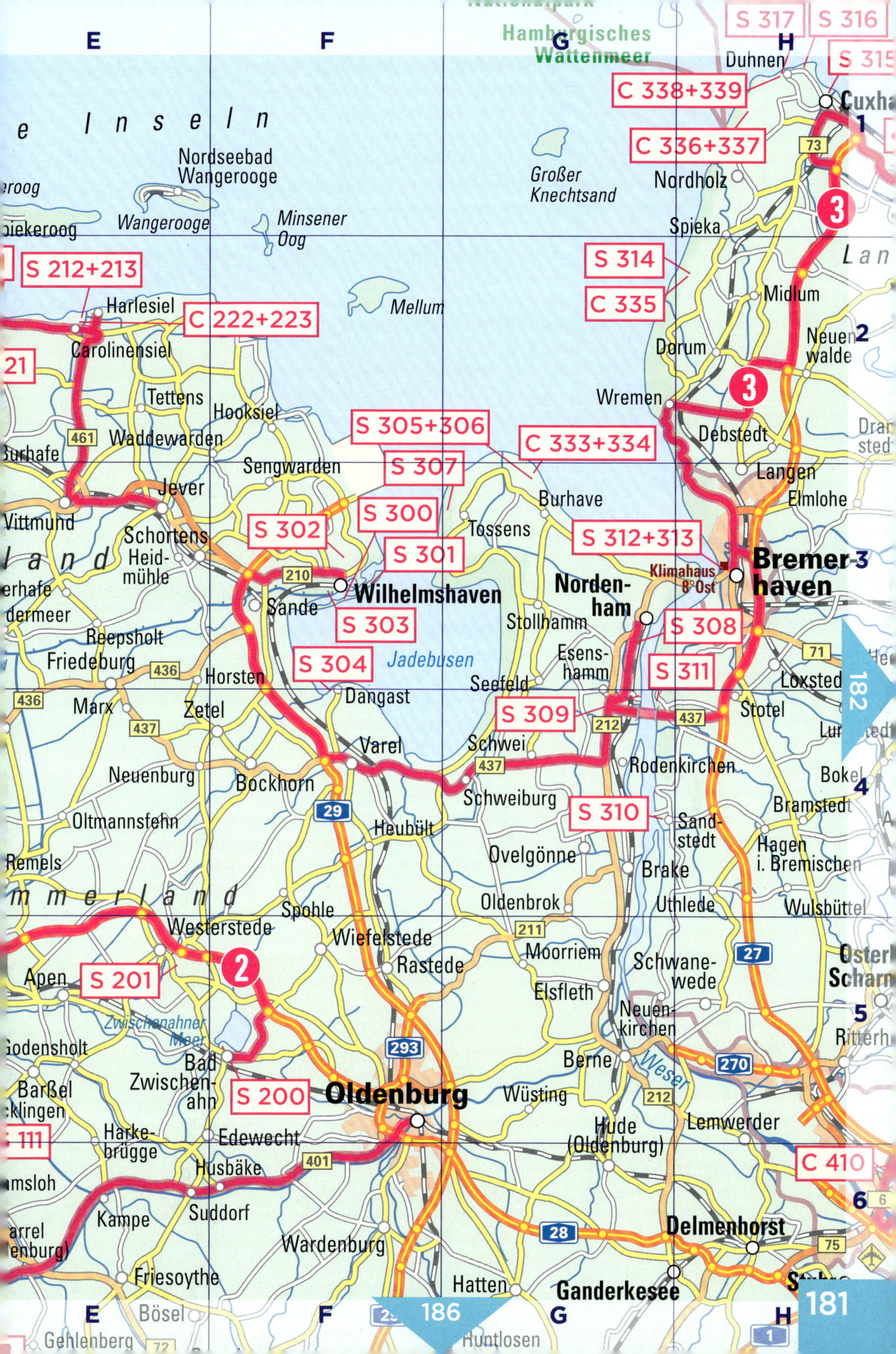

E
F
G
H
Hamburgisches Wattenmeer
S 317
S 316
S 315
Duhnen
Cuxhaven
C 338+339
C 336+337
73
Nordholz
Großer Knechtsand
Spieka
3
S 314
C 335
Midlum
Neuenwalde
Dorum
Wremen
Debstedt
Langen
Elmlohe
Inseln
Nordseebad Wangerooge
Wangerooge
Minsener Oog
Spiekeroog
Mellum
S 212+213
Harlesiel
C 222+223
Carolinensiel
21
Tettens
Hooksiel
Waddewarden
461
Burhafe
S 305+306
C 333+334
S 307
Sengwarden
Jever
Wittmund
Schortens
Heidmühle
S 302
S 300
S 301
Tossens
Burhave
S 312+313
Bremerhaven
Klimahaus 8° Ost
210
Wilhelmshaven
Sande
S 303
Nordenham
Stollhamm
S 308
Reepsholt
Friedeburg
436
S 304
Jadebusen
Esenshamm
S 311
71
Loxstedt
182
Horsten
Dangast
Seefeld
Marx
Zetel
S 309
437
Stotel
212
Varel
Schwei
Neuenburg
Bockhorn
Rodenkirchen
Bokel
Schweiburg
29
Heubült
S 310
Sandstedt
Bramstedt
Oltmannsfehn
Ovelgönne
Hagen i. Bremischen
Remels
Brake
Ammerland
Spohle
Oldenbrok
Uthlede
Wulsbüttel
Westerstede
Wiefelstede
211
2
Rastede
Moorriem
Schwanewede
27
Osterholz-Scharmbeck
Apen
S 201
Elsfleth
Zwischenahner Meer
Neuenkirchen
Godensholt
293
Bad Zwischenahn
Berne
Weser
270
Barßel
S 200
Oldenburg
Wüsting
212
Harkebrügge
Edewecht
Hude (Oldenburg)
Lemwerder
111
Husbäke
401
C 410
Kampe
Suddorf
28
Delmenhorst
Wardenburg
75
Friesoythe
Hatten
Ganderkesee
Bösel
186
Gehlenberg
72
Huntlosen
1

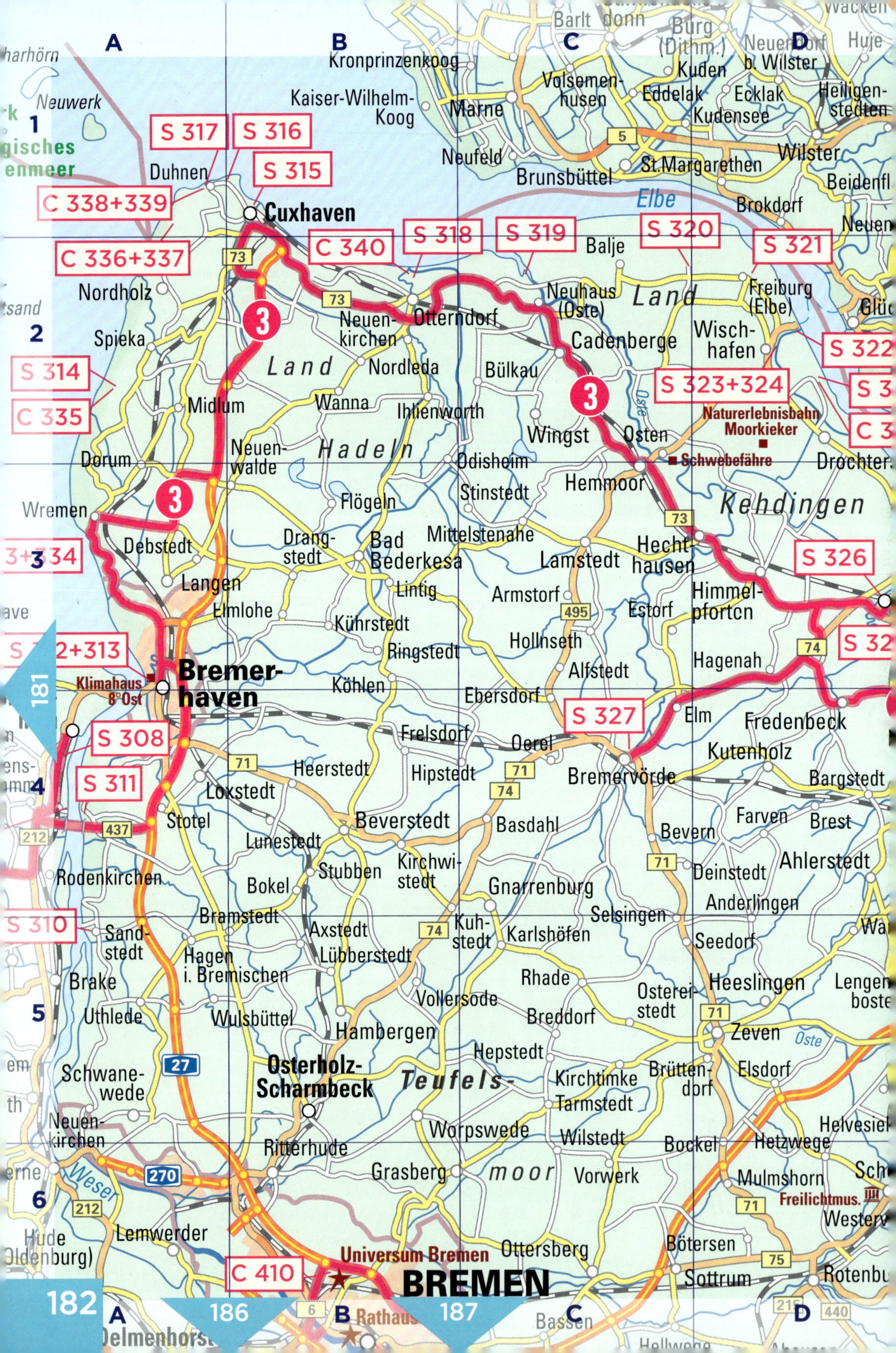
Cuxhaven
Bremerhaven
BREMEN
Osterholz-Scharmbeck
Bremervörde
Zeven
Land Hadeln
Kehdingen
Teufelsmoor
Elbe
Weser
Oste
Klimahaus 8° Ost
Naturerlebnisbahn Moorkieker
Schwebefähre
Universum Bremen
Rathaus
Freilichtmus.
S 317
S 316
S 315
C 338+339
C 336+337
C 340
S 318
S 319
S 320
S 321
S 322
S 323+324
S 314
C 335
S 326
S 327
S 308
S 311
S 310
C 410
Kronprinzenkoog
Kaiser-Wilhelm-Koog
Marne
Neufeld
Brunsbüttel
St.Margarethen
Volsemenhusen
Eddelak
Kuden
Ecklak
Kudensee
Wilster
Heiligenstedten
Brokdorf
Balje
Freiburg (Elbe)
Neuhaus (Oste)
Cadenberge
Wischhafen
Duhnen
Neuwerk
Nordholz
Spieka
Midlum
Dorum
Wremen
Debstedt
Langen
Elmlohe
Neuenkirchen
Otterndorf
Nordleda
Bülkau
Wanna
Ihlienworth
Wingst
Osten
Hemmoor
Neuenwalde
Odisheim
Stinstedt
Flögeln
Drangstedt
Bad Bederkesa
Mittelstenahe
Lamstedt
Hechthausen
Himmelpforten
Lintig
Armstorf
Estorf
Kührstedt
Ringstedt
Hollnseth
Alfstedt
Hagenah
Köhlen
Ebersdorf
Elm
Fredenbeck
Frelsdorf
Oerel
Kutenholz
Heerstedt
Hipstedt
Loxstedt
Stotel
Beverstedt
Basdahl
Bevern
Farven
Brest
Bargstedt
Lunestedt
Kirchwistedt
Deinstedt
Ahlerstedt
Rodenkirchen
Bokel
Stubben
Gnarrenburg
Anderlingen
Bramstedt
Axstedt
Kuhstedt
Selsingen
Sandstedt
Hagen i. Bremischen
Lübberstedt
Karlshöfen
Seedorf
Brake
Rhade
Ostereistedt
Heeslingen
Vollersode
Breddorf
Uthlede
Wulsbüttel
Hambergen
Hepstedt
Brüttendorf
Elsdorf
Kirchtimke
Tarmstedt
Schwanewede
Neuenkirchen
Worpswede
Wilstedt
Bockel
Hetzwege
Helvesiek
Ritterhude
Grasberg
Vorwerk
Mulmshorn
Lemwerder
Ottersberg
Bötersen
Sottrum
Rotenburg
Hude (Oldenburg)
Delmenhorst
Bassen
181
186
187

HAMBURG
Oeschebüttel
Rickling
Blunk
Hohenlockstedt
Rosdorf
Kellinghusen
Brokstedt
Großenaspe
Fehrenbötel
Wahlstedt
Schackendorf
Wensin
Pronstorf
Curau
Segeberger Höhle
Witten-bergen
Bad Bramstedt
Bimöhlen
Wittenborn
Weede
Dissau
Wrist
Hasen-moor
Mözen
Bad Segeberg
Itzehoe
Westermoor
Hartenholm
Stockelsdorf
Lägerdorf
Lentföhrden
Struven-hütten
Leezen
Dreggers
Rehhorst
Reinfeld (Holst.)
Badendorf
Westerhorn
Hohenfelde
Seth
Bad Oldesloe
Kaltenkirchen
Nahe
Gr. Wesenberg
Horst (Holst.)
Barmstedt
Neritz
Pölitz
Barnitz
Westerau
Elmshorn
Hemdingen
Ellerau
Ulzburg
Bargfeld-Stegen
Elmenhorst
Kastorf
Quickborn
Tangstedt
Bargteheide
Stubben
Sieben-bäumen
Tornesch
Kummerfeld
Norder-stedt
Ammersbek
Todendorf
Labenz
Uetersen
Appen
Ahrensburg
Schönberg
Nusse
Haseldorf
Rellingen
Museumsdorf
Großhans-dorf
Linau
Pinneberg
Trittau
Köthel
Breitenfelde
Hollern
Wedel
Großensee
Schiffs-begrüßungs-anlage
Museums-hafen
Grande
Möhnsen
Glinde
Friedrichsruh
Altes Land
Jork
Aumühle
Wentorf
Schwarzenbek
Buxtehude
Neu Wulmstorf
Geesthacht
Büchen
Wildpark Schwarze Berge
Lütau
Freilicht-museum
Töten-sen
Stelle
Elbe
Lauenburg/Elbe
Buchholz
Seeve-tal
Winsen (Luhe)
Rottorf
Hohnstorf
Echem
Tostedt
Sprötze
Jeste-burg
Brackel
Garstedt
Schiffshebewerk
Wistedt
Welle
Lüneburg
Otter
Hanstedt
Garlstorf
Reppenstedt
Barendorf
Inzmühlen
Salzhausen
Stemmen
Egestorf
Wesseloh
Wintermoor
Undeloh
Melbeck
Fintel
Raven
Embsen
Lüneburger Heide
Soderstorf
Bienenbüttel
Evendorf
Barnstedt
Lünzen
Schneverdingen
Volkwardingen
Ameling-hausen
Hemsingen
Heber
Velgen
C 518
C 519
S 512
S 509
S 510+511
S 508
S 600
S 331+332
S 507
C 610
C 608+609
S 604
S 603
S 602
S 506
S 505
S 504
5
7
1
21
23
24
25
26
250
4
75
206
431
432
404
207
209
73
3
28
E
F
G
H
1
2
3
4
5
6
184
189

A
B
C
D
1
2
3
4
5
6
Schwerin
Schloss
Dom
Linau
Kittlitz
Kneese
Lützow
Wittenförden
Köthel
Breitenfelde
Sterley
Schaalsee
Mölln
Seedorf
Lassahn
Renzow
Hollenbek
Drönnewitz
Dümmer
Talkau
Gudow
Zarrentin
Tessin
Boddin
Stralendorf
Pampow
Holthusen
Möhnsen
Valluhn
Parum
Sülstorf
Güster
Langen-
lehsten
Wittenburg
Gammelin
Schwarzenbek
Gallin
Kogel
Lehsen
Bobzin
Lübesse
Büchen
Greven
Bennin
Camin
Hagenow
Rastow
Lütau
Kirch Jesar
Lauenburg/
Elbe
Dersenow
Strohkirchen
Boizenburg
Pritzier
Melkof
Hohnstorf (Elbe)
Gülze
Redefin
Quassel
Ludwigs-
lust
Echem
Amt
Neuhaus
Lübtheen
Alt Krenzlin
Bleckede
Schiffshebewerk
Alt Garge
Jessenitz
Glaisin
Lüneburg
Neetze
Neu
Darchau
Vielank
Tewswoos
Barendorf
Malliß
Horndorf
Dahlen-
burg
Kaarßen
Woosmer
Gorlosen
Wietze
Tripkau
Neu Kaliß
Bienenbüttel
Göhrde
Hitzacker
Elbbrücke
Dömitz
Damnatz
Polz
Römstedt
Himbergen
Dannenberg
(Elbe)
Gusborn
Bad
Bevensen
Stoetze
Wootz
Zernien
Weste
Jameln
Gorleben
Stöcken
Dünsche
Wendland
Rätzlingen
Zarenthien
Trebel
Uelzen
Rosche
Küsten
Lüchow
Hanstedt II.
Rundling
Woltersdorf
Suhlendorf
Holdenstedt
Esterholz
Freilichtmuseum
Clenze
Wustrow
Lemgow
Lübbow
Wieren
Schnega
Seebenau
Bergen
(Dumme)
Schramp
Binde
Stadensen
Soltendieck
Salzwedel
Henningen
Breitenhees
Schmölau
Wieblitz-
Eversdorf
Ritzleben
Langenapel
Pretzier
Bad
Bodenteich
Bokel
Bonese
Fleetma
Obernholz
Dähre
Wallstawe
Kuhfelde
Elbe-Seiten-K.
Lüge
Sieden-
Diesdorf
Winterfeld
Wittingen
Waddekath
Apenburg
24
14
207
209
195
321
5
216
191
248
493
71
4
190
104
S 601
C 611
S 603
C 612
S 605
C 613
S 606
S 607
C 614
C 514
S 502
6

183
189

180
186
S 109
S 107
C 116
S 106
S 105
C 115
S 104
S 103
Papenburg
Rhede
Aschendorf
Heede
Neulehe
Esterwegen
Surwold
Dörpen
Dersum
Kluse
Neubörger
Walchum
Börger
Renkenberge
Niederlangen
Lathen
Schl. Clemenswerth
Sögel
Stavern
Haren
Hüven
Kl. Berßen
Gr. Berßen
Wesuwe
Meppen
Haselünne
Varloh
Oster-brock
Bawinkel
Gr.-Hesepe
Dalum
Geeste
Gersten
Lengerich
Lingen (Ems)
Langen
Andervenne
Ramsel
Thuine
Freren
Messingen
Lünne
Schapen
Spelle
Hopsten
Dreierwalde
Hörstel
Rheine
Bevergern
Mesum
Emsbüren
Salzbergen
Schüttorf
Ohne
Neuenkirchen
Wettringen
Haus Welbergen
Ochtrup
Gronau
Gilde-haus
Bad Bentheim
Isterberg
Engden
Brandlecht
Nordhorn
Klaus-heide
Wietmarschen
Georgsdorf
Twist
Moormus.
Rühler-moor
Schöninghs-dorf
Ferienzentrum Schloss Dankern
Rütenbrock
Ter Apel
Sellingen
Mussel
Bourtange
Vlagtwedde
Wedde
Oude Pekela
Nieuwe Pekela
Onstwedde
Stadskanaal
Musselkanaal
Nieuw-Buinen
Borger
Gasselte
Gieten
Wildervank
Hunebert
Anloo
Eext
Assen
Rolde
Grolloo
Hooghalen
Schoonloo
Hünengrab
Westerbork
Orvelte
Schoonoord
Odoorn
Nieuw-Weerdinge
Emmer-Compascuum
Emmen
Zweeloo
Sleen
Oosterhesselen
Nieuw-Amsterdam
Klazienaveen
Dalen
Schoonebeek
Nieuw-Schoonebeek
Coevorden
Eschebrügge
Emlichheim
Laar
Ringe
Hoogstede
Hardenberg
Wilsum
Esche
Uelsen
Neuenhaus
Itterbeck
Getelo
Lage
Langeveen
Geesteren
Vasse
Tubbergen
Ootmarsum
Denekamp
Albergen
Weerselo
Almelo
Oldenzaal
Losser
Hengelo
Delden
ENSCHEDE
Beckum
Emsland
Ems
Dortmund-Ems-Kanal
A37
A35
31
30

181
185

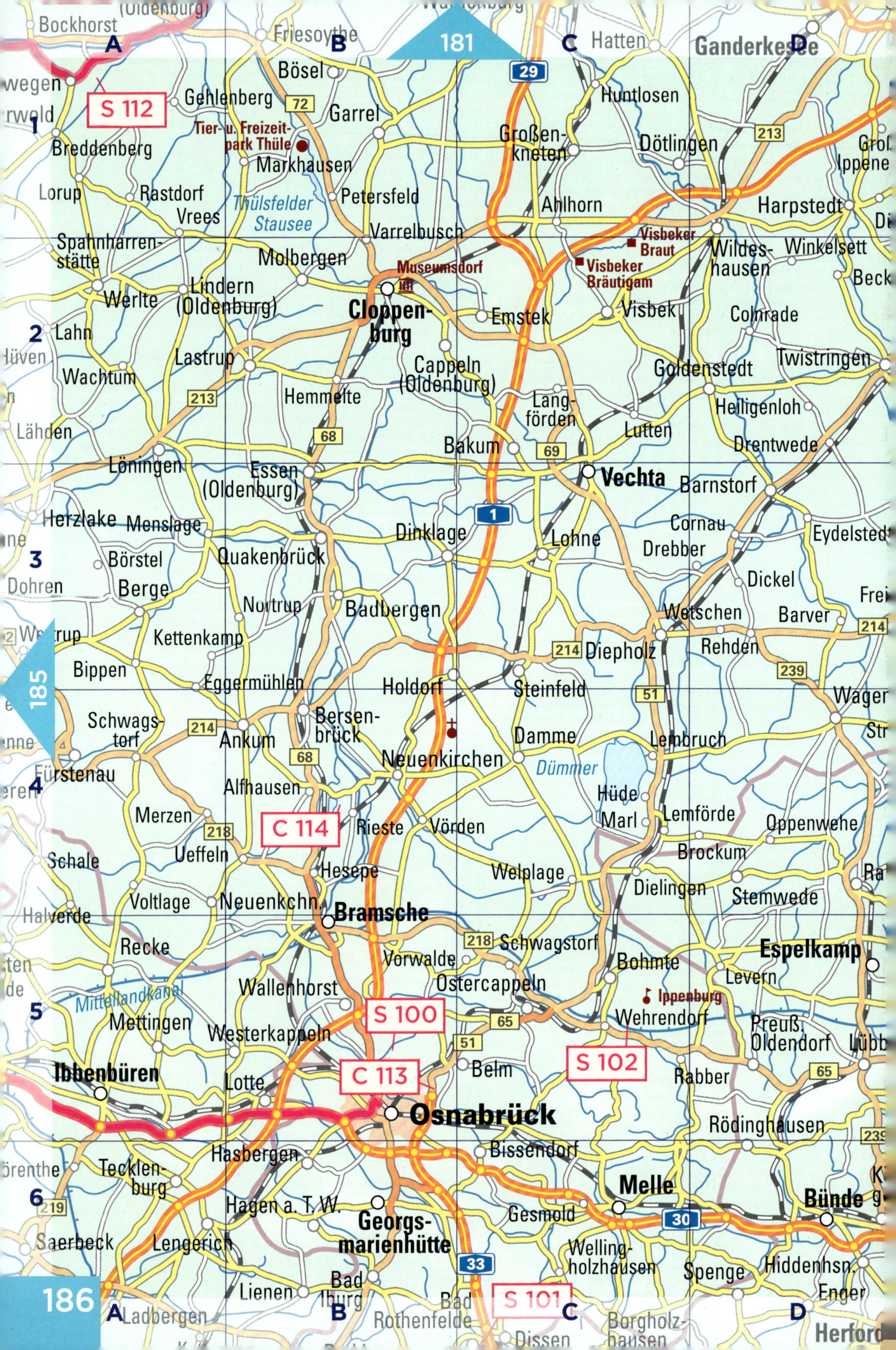
A
B
C
D
1
2
3
4
5
6
Bockhorst
Friesoythe
Hatten
Ganderkesee
S 112
Gehlenberg
72
Bösel
Garrel
29
Huntlosen
Breddenberg
Tier- u. Freizeit-park Thüle
Markhausen
Großen-kneten
Dötlingen
213
Ippene
Lorup
Rastdorf
Vrees
Thülsfelder Stausee
Petersfeld
Ahlhorn
Harpstedt
Spahnharren-stätte
Molbergen
Varrelbusch
Visbeker Braut
Visbeker Bräutigam
Wildes-hausen
Winkelsett
Werlte
Lindern (Oldenburg)
Museumsdorf
Cloppen-burg
Emstek
Visbek
Colnrade
Lahn
Wachtum
Lastrup
Cappeln (Oldenburg)
Goldenstedt
Twistringen
213
Hemmelte
Lang-förden
Heiligenloh
Lähden
68
Lutten
Drentwede
Bakum
69
Löningen
Essen (Oldenburg)
Vechta
Barnstorf
Herzlake
Menslage
1
Cornau
Dinklage
Lohne
Drebber
Eydelstedt
Börstel
Quakenbrück
Dohren
Berge
Dickel
Nortrup
Badbergen
Wetschen
Barver
Kettenkamp
214
Rehden
214
Diepholz
Bippen
239
Holdorf
Steinfeld
51
Eggermühlen
Wagen
Schwagstorf
214
Bersen-brück
Ankum
Damme
Lembruch
68
Neuenkirchen
Fürstenau
Dümmer
Alfhausen
Hüde
Merzen
Marl
Lemförde
218
C 114
Rieste
Vörden
Oppenwehe
Uffeln
Brockum
Schale
Hesepe
Welplage
Dielingen
Stemwede
Voltlage
Neuenkchn.
Halverde
Bramsche
218
Schwagstorf
Recke
Vorwalde
Bohmte
Espelkamp
Ostercappeln
Levern
Mittellandkanal
Wallenhorst
Ippenburg
S 100
Mettingen
65
Wehrendorf
Preuß. Oldendorf
Westerkappeln
51
Lübbecke
S 102
Ibbenbüren
Belm
C 113
Rabber
Lotte
65
Osnabrück
Rödinghausen
239
Hasbergen
Bissendorf
Tecklen-burg
Melle
Bünde
219
Hagen a. T. W.
Georgs-marienhütte
Gesmold
30
Saerbeck
Lengerich
Welling-holzhausen
Spenge
Hiddenhsn.
33
Bad Iburg
Lienen
Enger
Ladbergen
Bad Rothenfelde
S 101
Borgholz-hausen
Dissen
Herford

182
183
188
190
E
F
G
H
1
2
3
4
5
6
Achim
Weyhe
Riede
Langwedel
Morsum
Blender
Barrien
Syke
Verden
Holtum
Kirchwalsede
Wittorf
Visselhövede
Neuenkirchen
Bendingbostel
Kirchlinteln
Bomlitz
Kroge
S 400
S 401
S 402
S 403
S 404
S 405
S 406
S 407
S 408
S 409
S 800
S 801
C 411
C 412
C 413
Schwarme
Martfeld
Neubruchhausen
Bruchhausen-Vilsen
Dörverden
Westen
Südkampen
Vogelpark
Lönsgrab
Bad Fallingbostel
Walsrode
Hoya
Hassel (Weser)
Rethem (Aller)
Aller
Kirchboitzen
Böhme
Hodenhagen
Engeln
Neuenkirchen
Bücken
Asendorf
Eystrup
Ahlden
Serengeti Park Hodenhagen
Ehrenburg
Balge
Haßbergen
Lichtenhorst
Grethem
Mellinghausen
Siedenburg
Wietzen
Gilten
Heemsen
Borstel
Steimbke
Rodewald
Schwarmstedt
Barenburg
Pennigsehl
Nienburg (Weser)
Lindwedel
Varrel
Liebenau
Linsburg
Mandelsloh
Bahrenborstel
Kirchdorf
Estorf
Steyerberg
Husum
Hagen
Mariensee
Negenborn
Mellendorf
Naturtierpark
Weser
Schneeren
Leine
Stolzenau
Neustadt am Rübenberge
Uchte
Leese
Steinhuder Meer
Mardorf
Warmsen
Raddestorf
Rehburg-Loccum
Bordenau
Essern
Wunstorf
Berenbostel
Ovenstädt
Windheim
Hagenburg
Diepenau
Schl. Herrenhausen
Garbsen
Wiedensahl
Mittellandkanal
Seelze
Petershagen
Lindhorst
Hille
Friedewalde
Niedernwöhren
Bad Nenndorf
Hartum
Stadthagen
Laatzen
Minden
Schloss Bückeburg
Rodenberg
Barsinghausen
Ronnenberg
Kaiser-Wilhelm-Denkmal
Bad Oeynhausen
Bückeburg
Apelern
Wennigsen
Porta Westfalica
Pohle
Pattensen
Rehren
Springe
Veltheim
Rinteln
Schloss Schaumburg
Gestorf
Rohden
Bad Münder a. Deister
Saupark
Schloss Marienburg
Vlotho
Eldagsen
Langenholzhausen
Hessisch Oldendorf
Fischbeck
Coppenbrügge
Meiße
Erdö
Weste
27
7
2
4
8
6
61
51
39
65
209
214
215
217
352
440
441
442
482
514

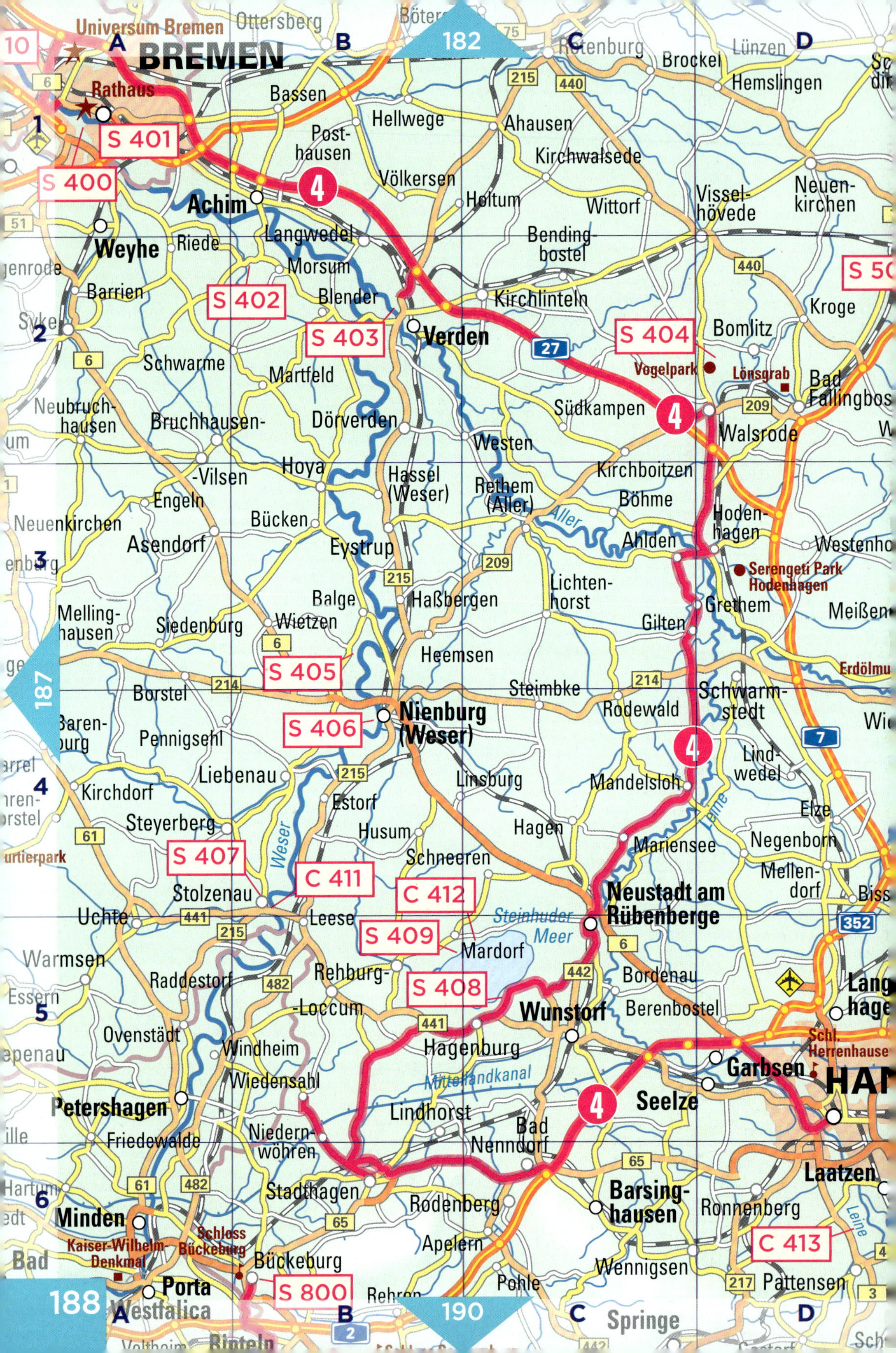

Universum Bremen
BREMEN
Rathaus
S 400
S 401
Ottersberg
Bassen
Post-
hausen
Hellwege
Völkersen
Achim
Weyhe
Riede
Langwedel
Morsum
Barrien
Blender
S 402
S 403
Verden
Schwarme
Martfeld
Neubruch-
hausen
Bruchhausen-
-Vilsen
Dörverden
Hoya
Engeln
Neuenkirchen
Asendorf
Bücken
Hassel
(Weser)
Eystrup
Balge
Haßbergen
Melling-
hausen
Siedenburg
Wietzen
Heemsen
S 405
Borstel
Pennigsehl
S 406
Nienburg
(Weser)
Liebenau
Estorf
Kirchdorf
Steyerberg
Husum
Schneeren
S 407
C 411
C 412
Stolzenau
Uchte
Leese
S 409
Mardorf
Steinhuder
Meer
Warmsen
Raddestorf
Rehburg-
-Loccum
S 408
Ovenstädt
Windheim
Wiedensahl
Hagenburg
Wunstorf
Mittellandkanal
Petershagen
Friedewalde
Niedern-
wöhren
Lindhorst
Bad
Nenndorf
Stadthagen
Minden
Rodenberg
Apelern
Kaiser-Wilhelm-
Denkmal
Schloss
Bückeburg
Bückeburg
Porta
Westfalica
S 800
Rehren
Pohle
Rotenburg
Brockel
Lünzen
Hemslingen
Ahausen
Kirchwalsede
Holtum
Wittorf
Vissel-
hövede
Neuen-
kirchen
Bending-
bostel
Kirchlinteln
Kroge
S 404
Vogelpark
Bomlitz
Lönsgrab
Bad
Fallingbostel
Südkampen
Walsrode
Westen
Rethem
(Aller)
Aller
Kirchboitzen
Böhme
Hoden-
hagen
Ahlden
Westenholz
Serengeti Park
Hodenhagen
Lichten-
horst
Grethem
Meißen
Gilten
Steimbke
Rodewald
Schwarm-
stedt
Erdölmuseum
Lind-
wedel
Linsburg
Mandelsloh
Hagen
Leine
Elze
Mariensee
Negenborn
Mellen-
dorf
Neustadt am
Rübenberge
Bissendorf
Bordenau
Berenbostel
Lang-
hagen
Schl.
Herrenhausen
Garbsen
Seelze
HANNOVER
Laatzen
Barsing-
hausen
Ronnenberg
C 413
Wennigsen
Pattensen
Springe
Rinteln
Volthaim
A
B
C
D
1
2
3
4
5
6
4
27
7
352
6
61
65
75
209
214
215
217
440
441
442
482
182
187
190
188

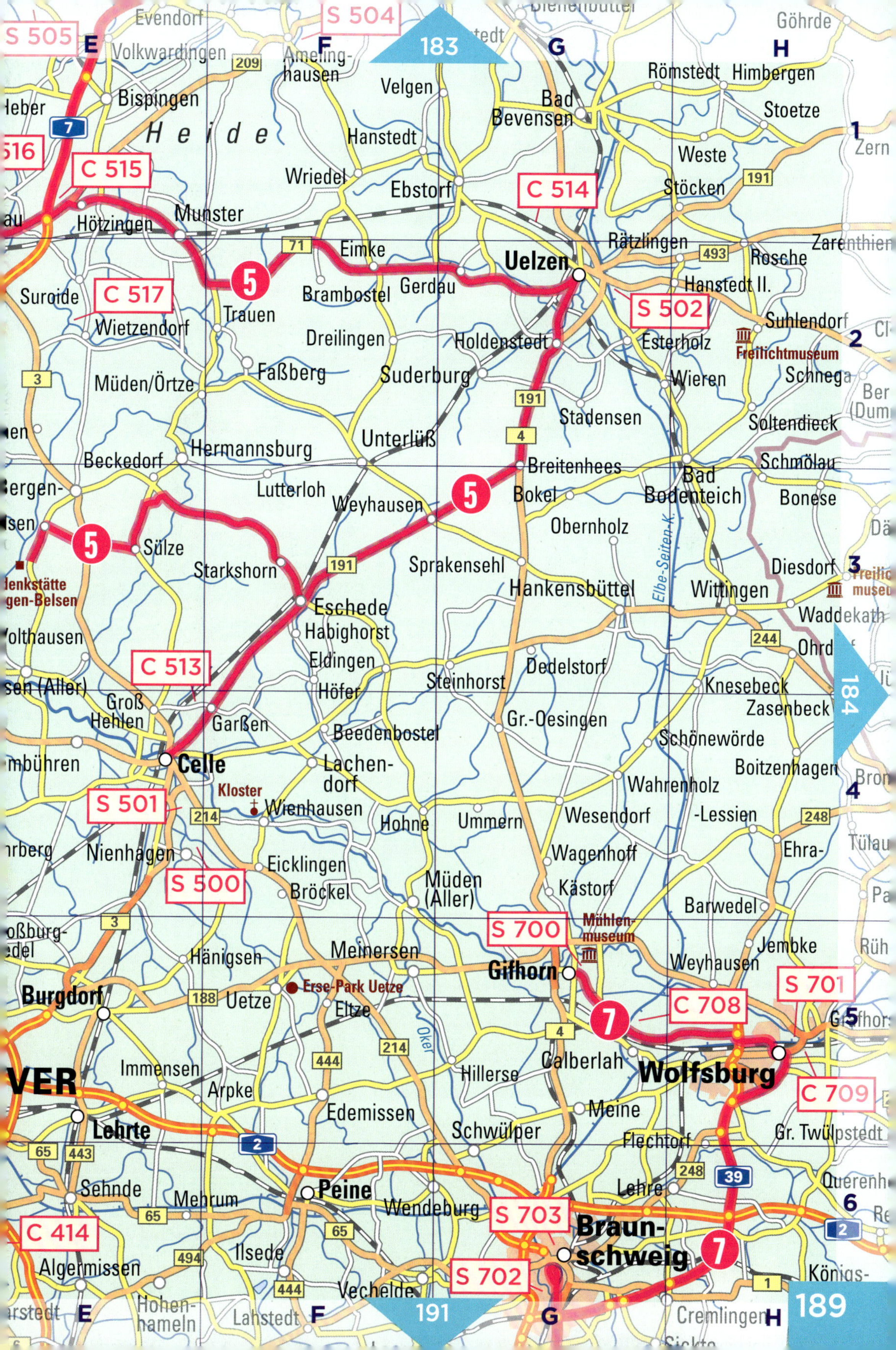

183
191
184
S 505
S 504
C 515
C 517
C 514
S 502
C 513
S 501
S 500
S 700
S 701
C 708
C 709
S 703
S 702
C 414
5
7
Evendorf
Volkwardingen
Ameling-
hausen
Velgen
Bad
Bevensen
Römstedt
Himbergen
Göhrde
Stoetze
Zern
Bispingen
Heide
Hanstedt
Wriedel
Ebstorf
Weste
Stöcken
Hötzingen
Munster
Eimke
Uelzen
Rätzlingen
Rosche
Hanstedt II.
Brambostel
Gerdau
Suroide
Trauen
Wietzendorf
Dreilingen
Holdenstedt
Esterholz
Suhlendorf
Freilichtmuseum
Wieren
Schnega
Müden/Örtze
Faßberg
Suderburg
Stadensen
Soltendieck
Unterlüß
Hermannsburg
Breitenhees
Bad
Bodenteich
Schmölau
Beckedorf
Lutterloh
Bokel
Bonese
Weyhausen
Obernholz
Sülze
Starkshorn
Sprakensehl
Elbe-Seiten-K.
Diesdorf
Hankensbüttel
Wittingen
Eschede
Habighorst
Eldingen
Waddekath
Ohrdorf
Dedelstorf
Höfer
Steinhorst
Knesebeck
Zasenbeck
Groß
Hehlen
Garßen
Gr.-Oesingen
Beedenbostel
Schönewörde
Celle
Lachen-
dorf
Boitzenhagen
Kloster
Wienhausen
Wahrenholz
Hohne
Ummern
Wesendorf
-Lessien
Nienhagen
Wagenhoff
Ehra-
Eicklingen
Bröckel
Müden
(Aller)
Kästorf
Barwedel
Mühlen-
museum
Jembke
Hänigsen
Meinersen
Weyhausen
Gifhorn
Burgdorf
Uetze
Erse-Park Uetze
Eltze
Oker
Immensen
Hillerse
Calberlah
Wolfsburg
Arpke
Edemissen
Meine
Lehrte
Schwülper
Flechtorf
Gr. Twülpstedt
Sehnde
Mehrum
Peine
Wendeburg
Lehre
Querenhorst
Braun-
schweig
Ilsede
Algermissen
Vechelde
Königslutter
Hohen-
hameln
Lahstedt
Cremlingen
E
F
G
H
1
2
3
4
5
6
7
2
39
3
4
65
71
191
209
214
244
248
443
444
493
494

187
188
Bückeburg
Rehren
Pohle
Wennigsen
Westfalica
Rinteln
Veltheim
Schloss Schaumburg
Rohden
Springe
Gestorf
Schloss Marienburg
Saupark
Eldagsen
Nordstemmen
Bad Münder a. Deister
S 800
S 801
Vlotho
Langenholzhausen
Hessisch Oldendorf
Fischbeck
Coppenbrügge
Elze
Extertal
Hameln
C 808
S 802
Kalletal
Bösingfeld
Salzhemmendorf
Eime
Bad Salzuflen
Lemgo
Schloss Brake
Dörentrup
Aerzen
Schloss Hämelschenburg
Grohnde
Brüggen
Lage
Barntrup
Hämelschenburg
S 804
Donop
Bad Pyrmont
Hehlen
Dielmissen
Müssen
Blomberg
S 803
Bodenwerder
Detmold
Freilichtmuseum
C 809
Delligsen
Schieder-
Hermannsdenkmal
Adlerwarte
Externsteine
Bad Meinberg
Horn-
Wöbbel
Polle
Eimen
Rischenau
Bevern
Stadtoldendorf
Schwalenberg
S 805
Holzminden
Vörden
Dassel
Bad Lippspringe
Nieheim
Corvey
Höxter
Neuhaus im Solling
Silberborn
Lauenberg
Altenbeken
Bad Driburg
Boffzen
Fredelsloh
Paderborn
Brakel
Derental
Schönhagen
Dörenhagen
Neuenheerse
Weser
Beverungen
S 806
Uslar
Asseln
Willebadessen
Dalhausen
Bodenfelde
Hardegsen
C 810
Bad Karlshafen
Lichtenau
Peckelsheim
Borgentreich
Trendelburg
Offensen
Atteln
Kleinenberg
Wisentgehege
Hohenwepel
Körbecke
Beberbeck
Sababurg
Scherfede
Warburg
Liebenau
Desenberg
Hofgeismar
Hemeln
Dransfeld
Westheim
Marsberg
Diemelstadt
Niederlistingen
Grebenstein
Obermarsberg
Volkmarsen
Breuna
S 807
Hann. Münden
C 811
Bredelar
Schloss Wilhelmsthal
Ahnatal
Bad Arolsen
Zierenberg
Vellmar
Twiste
Landau
Kassel
Witzenhausen
Weserbergland
8
A
B
C
D
1
2
3
4
5
6

189

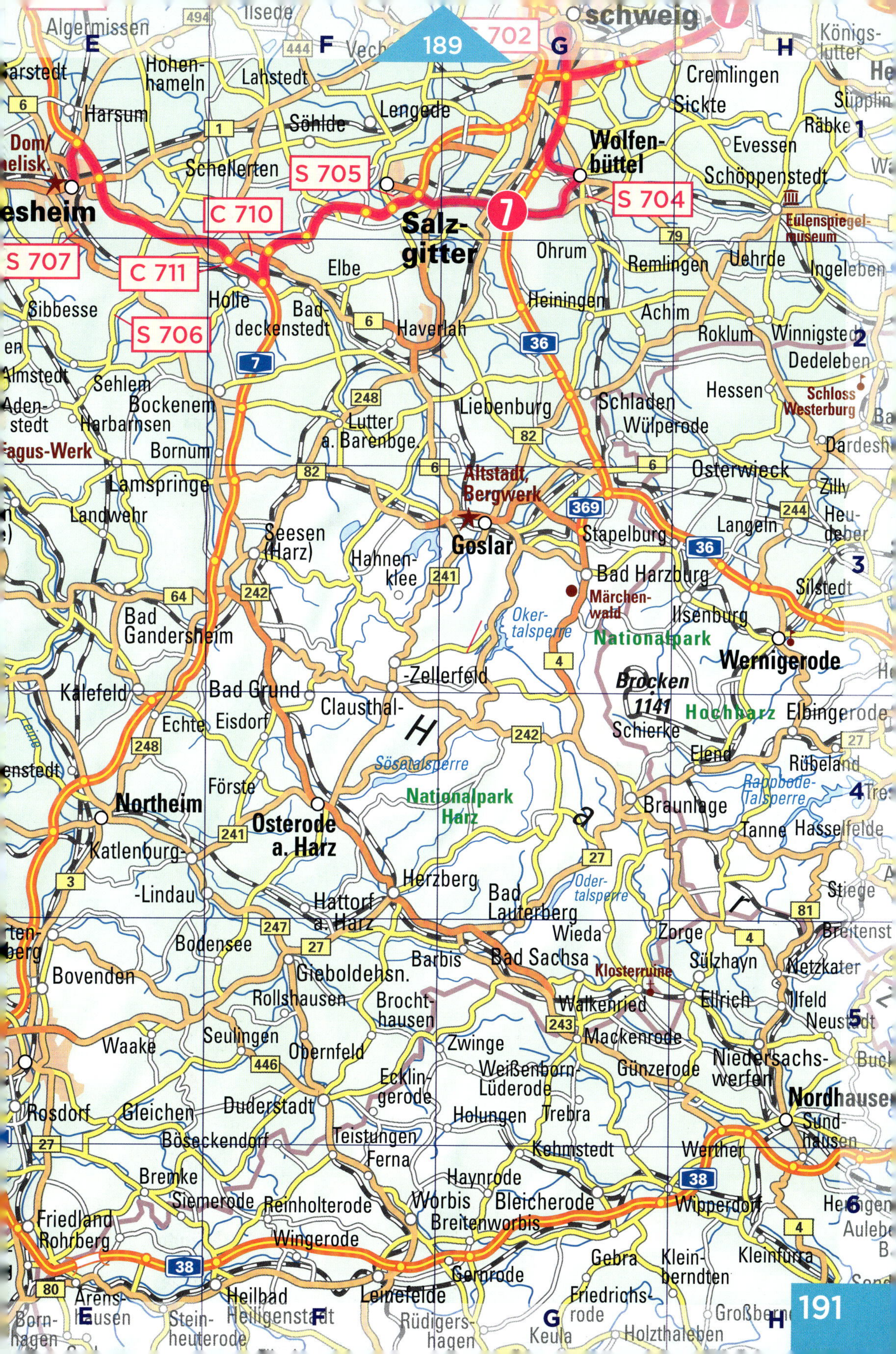
Algermissen
Ilsede
Hohenhameln
Lahstedt
Söhlde
Lengede
Schellerten
Harsum
Hildesheim
Dom/ Hildesheim
S 705
S 702
S 704
S 707
S 706
C 710
C 711
Salzgitter
Braunschweig
Wolfenbüttel
Cremlingen
Sickte
Evessen
Schöppenstedt
Königslutter
Räbke
Eulenspiegel-museum
Ohrum
Remlingen
Uehrde
Ingeleben
Heiningen
Achim
Roklum
Winnigstedt
Dedeleben
Elbe
Holle
Bad-deckenstedt
Haverlah
Sibbesse
Almstedt
Sehlem
Bockenem
Adenstedt
Harbarnsen
Fagus-Werk
Bornum
Lutter a. Barenbge.
Liebenburg
Schladen
Wülperode
Hessen
Schloss Westerburg
Dardesheim
Osterwieck
Zilly
Lamspringe
Landwehr
Altstadt, Bergwerk
Goslar
Stapelburg
Langeln
Heudeber
Seesen (Harz)
Hahnenklee
Bad Harzburg
Märchenwald
Silstedt
Ilsenburg
Okertalsperre
Nationalpark
Wernigerode
Bad Gandersheim
Clausthal-Zellerfeld
Brocken 1141
Hochharz
Elbingerode
Kalefeld
Bad Grund
Echte
Eisdorf
Schierke
Elend
Rübeland
Sösetalsperre
Rappbode-Talsperre
Nationalpark Harz
Harz
Northeim
Förste
Osterode a. Harz
Braunlage
Tanne
Hasselfelde
Katlenburg-Lindau
Herzberg
Bad Lauterberg
Odertalsperre
Stiege
Hattorf a. Harz
Wieda
Zorge
Breitenstein
Bodensee
Gieboldehsn.
Barbis
Bad Sachsa
Klosterruine
Sülzhayn
Netzkater
Bovenden
Rollshausen
Brochthausen
Walkenried
Ellrich
Ilfeld
Neustadt
Waake
Seulingen
Obernfeld
Zwinge
Mackenrode
Weißenborn-Lüderode
Günzerode
Niedersachswerfen
Ecklingerode
Rosdorf
Gleichen
Duderstadt
Holungen
Trebra
Nordhausen
Sundhausen
Böseckendorf
Teistungen
Ferna
Kehmstedt
Werther
Bremke
Siemerode
Reinholterode
Haynrode
Worbis
Bleicherode
Wipperdorf
Heringen
Aulebe
Friedland
Rohrberg
Wingerode
Breitenworbis
Gebra
Klein-berndten
Kleinfurra
Arenshausen
Heilbad Heiligenstadt
Leinefelde
Gernrode
Friedrichsrode
Bornhagen
Steinheuterode
Rüdigershagen
Keula
Holzthaleben
Großberndten
Leine
E
F
G
H
1
2
3
4
5
6
7
36
38
6
1
79
248
82
369
244
64
242
241
4
27
3
247
81
243
446
80
494
444

IMPRESSUM

Verantwortlich: Kerstin Thiele
Lektorat: Michaela Zelfel
Layout- und Reihengestaltung: Mathias Frisch
Satz: Elke Mader
Repro: LUDWIG:media
Kartografie: Kartografie Huber, Heike Block
Herstellung: Anna Katavic
Printed inTurkey by Elma Basim

Sind Sie mit diesem Titel zufrieden? Dann würden wir uns über Ihre Weiterempfehlung freuen. Erzählen Sie es im Freundeskreis, berichten Sie Ihrem Buchhändler, oder bewerten Sie bei Onlinekauf. Und wenn Sie Kritik, Korrekturen, Aktualisierungen haben, freuen wir uns über Ihre Nachricht an Bruckmann Verlag, Postfach 40 02 09, D-80702 München oder per E-Mail an lektorat@verlagshaus.de.

Unser komplettes Programm finden Sie unter www.bruckmann.de

Alle Angaben dieses Werkes wurden vom Autor sorgfältig recherchiert und auf den neuesten Stand gebracht sowie vom Verlag geprüft. Für die Richtigkeit der Angaben kann jedoch keine Haftung übernommen werden, weshalb die Nutzung auf eigene Gefahr erfolgt. Insbesondere bei GPS-Daten können Abweichungen nicht ausgeschlossen werden. Sollte dieses Werk Links auf Webseiten Dritter enthalten, so machen wir uns die Inhalte nicht zu eigen und übernehmen für die Inhalte keine Haftung.
In diesem Buch wird aus Gründen der besseren Lesbarkeit das generische Maskulinum verwendet. Weibliche und anderweitige Geschlechteridentitäten werden dabei ausdrücklich mitgemeint, soweit es für die Aussage erforderlich ist.

Bildnachweis: Alle Abbildungen des Innenteils stammen vom Autor außer: S. 6 o. Shutterstock/Artalis; S. 7 re. o. shutterstock/Food Impressions, re. m. shutterstock/Artalis; S. 39 lookphotos / Wohner, Heinz; S. 59 lookphotos / Bücker, Stephan; S. 90 mauritius images / Sebastian Grote; S. 91 o. lookphotos / Böttcher, Ulf, u. lookphotos / Johaentges, Karl; S. 149 mauritius images / Manfred Mehlig

Umschlagvorderseite: mauritius images/Michael Schroeder; Autofähre bei Graepel
Umschlagrückseite: Michael Moll; Hafen Neuharlingersiel

Die Deutsche Nationalbibliothek verzeichnet diese Publikation in der Deutschen Nationalbibliografie; detaillierte bibliografische Daten sind im Internet über http://dnb.d-nb.de abrufbar.

ISBN 978-3-7343-2589-2